10배 빠른 성장을 위한 뇌 사용설명서

브레인 해커

10배 빠른 성장을 위한 뇌 사용설명서

브레인 해커

이혜진 지음

클레버니스
Cleverness Publishing Company

들어가는 말

지금까지 사람들은 그저 '생각의 힘'이라는 말을 들었을 때, 그저 추상적이고 막연한 개념 정도로 치부했을 것이다. 하지만 오늘, 기존의 고정관념을 깨부수는 충격적인 사실을 당신에게 알려주고자 한다. 생각은 단순히 머릿속에만 존재하는 것이 아니라, 우리의 현실을 창조하는 가장 강력한 도구다. 긍정적인 생각을 하는 사람과 부정적인 생각을 하는 사람의 삶은 천지 차이라 할 수 있다.

생각의 힘을 깨우친 사람들의 인생은 180도 달라졌다. 대표적인 예로 닉 부이치치를 들 수 있다. 그는 선천적으로 팔다리가 없는 장애인으로 태어났지만, 결코 자신의 삶을 포기하지 않았다. "장애는 나를 규정하지 않는다"라는 강력한 믿음으로 자신의 한계를 뛰어넘었고, 지금은 세계적인

motivational speaker로 활동하고 있다. 닉 부이치치의 사례는 우리에게 중요한 깨달음을 준다. 당신의 생각이 바로 당신의 현실이 된다는 사실을.

이 책에서는 당신이 왜 생각의 힘을 믿어야 하는지, 어떻게 활용해야 하는지 구체적으로 알아볼 것이다. 특히 NLP(신경언어프로그래밍)라는 강력한 심리학 기술에 주목할 필요가 있다. NLP는 1970년대 미국에서 탄생한 혁신적인 개념으로, 탁월한 사람들의 성공 전략을 체계화한 학문이다. NLP의 창시자 리처드 밴들러는 "NLP는 인간의 무한한 잠재력을 일깨우는 기술이자 인생의 나침반"이라고 정의했다. 또한 우리는 뇌과학을 통해서도 생각의 힘을 증명할 수 있다. 세계적인 뇌과학자 도크 A. 이스트만은 "우리의 생각은 뇌의 시냅스 연결을 변화시킨다"고 말한다. 긍정적인 생각은 뇌에 긍정적인 각인을 남기고, 반대로 부정적인 생각은 부정적인 각인을 남긴다는 것이다.

당신이 이 책을 펼치는 순간, 생각의 무한한 가능성의 세계로 들어서게 될 것이다. 먼저, 첫 번째 파트에서는 생각의 힘에 대한 본질적인 이해를 도울 것이다. 긍정과 부정의 생각이 가져오는 극명한 차이, 생각이 물질화되는 과정, 그리고 생각의 힘을 철저히 믿는 것의 중요성에 대해 살펴볼 것이다. 특히 세계적인 성공 코치 토니 로빈스의 사례를 통해, 어떻게 생각의 전환이 인생을 바꿀 수 있는지 알아볼 것이다.

두 번째 파트에서는 NLP의 세계로 깊이 들어가 보고자 한다. NLP의 탄생 배경과 주요 전제, 그리고 다양한 활용 분야를 배울 것이다. 오프라 윈프리, 앤서니 홉킨스 등 세계적인 리더들이 NLP를 활용해 성공한 사례도 만나볼 수 있을 것이다. 또한 세 번째 파트에서는 뇌과학의 관점에서 생각의 힘을 조명해볼 것이다. 뇌가소성의 개념과 뇌과학계의 최신 연구 결과를 통해, 우리의 생각이 물리적으로 뇌를 변화시키는 과정을 이해할 수 있을 것이다.

이제 생각의 힘에 대해 충분히 이해했다면, 이를 현실에서 어떻게 활용할 수 있을지 고민할 차례다. 네 번째 파트에서는 NLP 기술을 사용해 구체적이고 강력한 목표를 세우는 방법을 배울 것이다. 막연한 꿈이 아닌, 실현 가능한 계획으로 만드는 비법을 알려줄 것이다. 또한 다섯 번째 파트에서는 내재적 동기를 일깨우는 생각의 힘에 대해 살펴볼 것이다. 진정한 동기부여는 오직 당신의 내면에서 시작된다는 사실을 깨달을 것이다. 여섯 번째 파트에서는 성공으로 가는 생각 습관에 대해 배울 차례다. 부정적 사고를 긍정의 힘으로 전환하는 구체적인 실천법을 제시할 것이다.

끝으로, 일곱 번째와 여덟 번째 파트에서는 자기 자신의 내면을 깊이 살펴보고, 잠재력을 발견하는 시간을 가질 것이다. 자기 이해와 성찰을 통해서만이 진정한 성장을 이룰 수 있기 때문이다. 이 책의 마지막 장을 덮고 나면, 당신은 이미 한층 성장한 자신을 발견하게 될 것이다. 자, 이제 당신의 놀라운 잠재력을 깨우는 생각 리모델링의 여정을 시작해보자. 평범했던 어제의 당신은 잊어라. 오늘부터 200% 충전된 에너지로, 당신이 그리는 인생의 조각가가 되어보는 것이다.

차례

들어가는 말 _ 5

1장 생각의 힘 이해하기

생각이 현실이 되는 마법 _ 14
긍정의 힘 VS 부정의 늪 _ 18
생각을 바꾼 사람들의 놀라운 변신 _ 21
180도 달라진 인생 _ 29
당신의 생각은 당신의 현실이 된다 _ 33

2장 NLP 기본기 다지기

NLP, 그 위대한 발견의 순간들 _ 40
NLP의 6가지 법칙 _ 45
NLP 삼위일체 _ 49
NLP, 당신의 잠재력을 깨우는 열쇠 _ 56
NLP로 성공한 사람들의 비밀 _ 59

3장 뇌과학으로 풀어보는 생각의 비밀

뇌, 그 신비로운 블랙박스 _ 64
생각이 뇌를 조각한다 _ 69
뇌가소성, 변화무쌍한 뇌의 적응력 _ 72
뇌과학이 밝혀낸 생각의 힘 _ 76
NLP와 뇌과학의 환상의 콜라보레이션 _ 81

4장 생각으로 써내려가는 성공 로드맵

목표는 당신의 생각에서 시작된다 _ 88
NLP로 디자인하는 성공 목표 _ 92
SMART하게 목표 세우기 _ 97
목표가 현실이 되는 마법의 실행력 _ 103
내면의 GPS, 생각으로 길을 찾다 _ 107

5장 생각의 에너지로 불붙이는 동기부여

동기부여, 성공의 연료를 채우다 _ 116
내적 동기 VS 외적 동기 _ 118
생각이 바뀌면 동기가 바뀐다 _ 122
NLP로 점프업하는 동기부여 _ 132
영원한 동기부여를 위하여 _ 139

6장 생각 습관 리모델링하기

당신의 습관에 성공이 숨어 있다 _ 146
긍정적 자아상, 성공의 시작점 _ 153
NLP로 만드는 성공 습관의 공식 _ 160
생각 관리의 일상화 _ 165

7장 내 안의 보석을 찾아서

자기 이해, 성공으로 가는 첫걸음 _ 172
NLP로 여는 내면의 창 _ 182
자기 성찰, 내면의 길을 걷는 용기 _ 188

8장 성장에 끝은 없다

배움에는 끝이 없다 _ 194
변화는 곧 기회다 _ 198
실패는 성장의 디딤돌 _ 203
NLP를 통한 자기 코칭 _ 207
배움은 실천으로 완성된다 _ 213

마치며 _ 217

1장

생각의 힘 이해하기

생각이 현실이 되는 마법

생각은 눈에 보이지 않는 에너지이지만, 우리의 삶에 엄청난 영향력을 행사한다. 마치 작은 씨앗이 거대한 참나무로 자라나듯, 우리의 생각은 현실로 발현되어 우리의 삶을 형성한다. 생각이 어떻게 현실이 되는 것일까? 그 신비로운 과정 속에는 어떤 원리와 메커니즘이 숨어 있을까?

세계적인 자기계발 전문가인 조 디스펜자 박사는 이렇게 말했다. "생각은 물질이 된다. 우리가 생각하는 모든 것은 에너지의 파동을 만들어내고, 그 에너지는 우리의 삶에서 유사한 진동수를 지닌 사건과 상황을 끌어당긴다." 우리의 생각은 눈에 보이지 않는 에너지장을 형성하고, 그 에너지장은 우리의 현실을 창조하는 강력한 자석이 된다.

생각의 에너지는 우리의 감정과 행동에도 직접적인 영향을 미친다. 긍정적인 생각은 희망, 자신감, 행복감 등의 긍정 감정을 불러일으키고, 그 감정은 우리를 더욱 긍정적인 행동으로 이끈다. 반대로 부정적인 생각은 불안, 우울, 분노 등의 부정 감정을 유발하고, 그 감정은 우리를 소극적이고 파괴적인 행동으로 이끌어간다. 결국 우리의 생각이 감정과 행동을 결정하고, 그 행동의 결과가 우리의 현실을 만들어간다.

생각이 현실화되는 과정에는 잠재의식의 힘도 중요한 역할을 한다. 잠재의식은 우리의 신념, 가치관, 습관 등을 저장하는 거대한 창고와 같다. 우리가 반복적으로 떠올리는 생각은 잠재의식에 각인되고, 무의식 속에서 우리의 행동을 이끌어간다. 따라서 의식적으로 긍정적인 생각을 선택하고 되뇌는 것이 중요하다. 잠재의식을 긍정의 힘으로 채우면, 현실에서도 긍정적인 결과가 나타나기 시작한다.

생각을 현실로 이끄는 또 다른 열쇠는 바로 '믿음'이다. 우리가 어떤 일을 진정으로 믿을 때, 우리의 잠재의식은 그 믿음을 실현시키기 위한 에너지를 발산한다. 믿음은 확신이 되고, 확신은 강력한 동기부여가 된다. 동기부여는 우리를 행동하게 만들고, 행동의 결과는 우리가 원하는 현실로 이어진다. 헨리 포드는 "당신이 할 수 있다고 믿든, 할 수 없다고 믿든, 당신은 옳다"라고 말했다. 생각과 믿음의 힘을 믿는 순간, 우리는 원하는 현실을 창조할 수 있는 무한한 잠재력을 지닌 존재가 된다.

물론 생각만으로 모든 것이 이루어지는 것은 아니다. 생각은 현실을 창조하는 시발점이지만, 그 생각을 실행에 옮기는 '행동'이 반드시 수반되어야 한다. W. 클레먼트 스톤의 말처럼 "생각만으로는 부족하다. 반드시 행동으로 옮겨야 한다. 행동 없는 생각은 결코 위대한 성취를 이룰 수 없다." 우리의 삶이라는 무대에서 생각은 대본이고, 행동은 그 대본을 연기하는 배우다. 아무리 훌륭한 대본이 있어도 배우가 무대에 오르지 않으면 극은 성사될 수 없다.

생각이 현실이 되는 마법을 경험한 사람들의 사례는 우리에게 많은 영감을 준다. 세계적인 성공 멘토인 토니 로빈스는 가난하고 불행한 어린 시절을 보냈지만, 생각의 힘을 깨닫고 자신의 삶을 180도 바꿔놓았다. 그는 "우리가 지속적으로 생각하는 것이 우리가 되고, 우리가 결국 그렇게 된다"라고 강조한다. 토니 로빈스는 긍정적이고 도전적인 생각으로 자신의 잠재력을 극대화하고, 전 세계 수많은 사람들의 삶을 변화시키는 영향력 있는 인물이 되었다.

우리는 누구나 토니 로빈스처럼 생각의 힘을 활용하여 원하는 삶을 창조할 수 있다. 중요한 것은 매 순간 자신의 생각을 의식하고, 긍정적이고 건설적인 생각을 선택하는 것이다. 우리는 완벽할 필요는 없다. 다만 부정적인 생각이 스며들 때마다 그것을 따뜻한 긍정의 빛으로 밀어내면 된다. 긍정의 씨앗을 뿌리는 일을 꾸준히 실천하다 보면, 어느새 우리의 마음밭은 아름다운 꽃과 열매로 가득해질 것이다.

생각은 보이지 않는 힘이지만, 강력한 창조의 도구다. 우리의 생각은 말이 되고, 말은 행동이 되며, 행동은 습관이 되고, 습관은 성품이 되며, 성품은 운명이 된다. 생각의 에너지는 우리의 미래를 결정하는 나침반이자, 우리 삶의 설계도가 된다. 알버트 아인슈타인의 말처럼 "상상력은 지식보다 중요하다. 지식은 한정되어 있지만, 상상력은 온 세계를 품는다." 우리의 생각에는 무한한 잠재력이 숨어 있다.

생각이 현실이 되는 마법을 믿는 순간, 우리는 이미 변화의 문을 두드린 것이다. 우리의 가장 위대한 성취는 생각에서 시작되고, 행동으로 완성된다. 오늘부터 당신의 생각에 더 많은 주의를 기울여 보자. 당신의 마음에 자신의 꿈과 이상을 새겨넣고, 긍정의 에너지를 충전하라. 창조적이고 도전적인 생각으로 무장할 때, 우리는 원하는 삶을 디자인할 수 있는 설계자가 된다.

긍정의 힘 VS 부정의 늪

우리의 삶은 우리가 선택한 생각에 따라 극명하게 달라진다. 마치 동전의 양면처럼 긍정의 힘과 부정의 늪은 삶의 질을 좌우하는 결정적 요인이다. 긍정적 사고는 우리를 꿈꾸는 미래로 이끌고, 부정적 사고는 우리를 과거의 실패와 좌절에 묶어둔다. 이 둘의 차이를 깨닫고 긍정의 힘을 선택하는 것이야말로 진정한 자유와 행복으로 가는 지름길이다.

생각은 씨앗이고 우리의 마음은 그 씨앗이 자라는 밭이다. 부정의 씨앗을 심으면 우리는 끝없는 부정의 늪에 빠져 자신감을 잃고 두려움과 한계에 갇히게 된다. 부정의 잡초는 우리의 꿈을 질식시키고, 성장을 방해하며, 낡은 사고의 틀에 짓눌리게 한다. 마치 빠져나올 수 없는 수렁에 빠진 것처럼 부정적 사고는 우리를 깊은 절망의 늪으로 끌고 간다.

하지만 우리에게는 선택지가 있다. 바로 긍정의 씨앗을 심는 것이다. 긍정의 정원을 가꾸어 내면의 풍요로움을 키우고 무한한 잠재력을 꽃피우는 것이다. 긍정의 힘은 우리를 자유롭게 하고 한계를 뛰어넘게 한다. 도전을 기회로 바라보고 실패를 성장의 밑거름으로 여기는 긍정적 사고는 우리에게 놀라운 회복탄력성을 선물한다.

긍정의 힘을 믿는 사람들은 항상 더 나은 미래를 향해 나아간다. 그들은 감사와 낙관의 눈으로 세상을 바라보고, 어려움 속에서도 희망의 씨앗을 발견한다. 반면 부정의 늪에 빠진 사람들은 과거의 그림자에 사로잡혀 앞으로 나아가지 못한다. 그들은 자신의 능력을 의심하고 기회를 놓치며 불행의 굴레에 갇힌다.

우리가 부정의 늪에서 빠져나와 긍정의 정원을 가꾸기 위해서는 먼저 자신의 내면을 들여다봐야 한다. 어떤 생각의 씨앗을 심고 있는지, 그 씨앗이 어떤 열매를 맺고 있는지 냉철하게 성찰해야 한다. 부정적 사고의 뿌리를 찾아내고 그것을 긍정의 힘으로 대체하는 용기가 필요하다. 긍정의 씨앗을 심고 꾸준히 가꾸어 나갈 때, 우리는 비로소 더 나은 삶을 향해 전진할 수 있다.

긍정의 힘은 혼자서 완성되는 것이 아니다. 우리는 서로가 서로에게 긍정의 메신저가 되어야 한다. 격려와 지지의 말 한마디가 누군가의 인생을 바꿀 수 있음을 잊지 말아야 한다. 우리가 내뿜는 긍정의 에너지는 주변 사람들에게 전염되어 세상을 변화시키는 놀라운 힘이 된다.

긍정의 힘은 하루아침에 완성되는 것이 아니다. 그것은 매일매일의 선택과 실천의 결과물이다. 부정적 사고에 빠지지 않기 위해서는 긍정의 습관을 키워야 한다. 매일 감사 일기를 쓰고, 부정적 생각이 들 때마다 긍정적으로 재해석하는 연습을 해야 한다. 긍정의 에너지를 주는 사람들과 어울리고, 자신의 장점과 성과에 집중하는 것도 중요하다.

긍정과 부정, 우리는 매 순간 이 둘 사이에서 선택을 해야 한다. 어떤 선택을 하느냐에 따라 우리의 삶은 천국이 되기도 하고 지옥이 되기도 한다. 긍정의 힘은 우리를 내적 자유와 무한한 가능성으로 이끄는 나침반이다. 부정의 늪은 우리의 발목을 붙잡고 성장을 가로막는 덫이다. 이제 긍정의 힘을 선택할 때다. 한 걸음 한 걸음 긍정의 씨앗을 심고 가꾸어 나갈 때이다. 그 길이 비록 멀고 험해 보일지라도, 포기하지 말고 나아가야 한다. 긍정의 정원이 우리를 기다리고 있기에.

생각을 바꾼 사람들의 놀라운 변신

믿음의 힘: 오프라 윈프리의 여정

　Oprah Winfrey의 성공 스토리는 자기 믿음의 힘을 증명하는 대표적인 사례이다. 그녀는 가난하고 불우한 어린 시절을 보냈지만, 자신의 잠재력을 굳게 믿었다. 설령 주위에서 그녀를 의심할지라도 Oprah 스스로는 한 번도 자신을 의심하지 않았다. 바로 그 믿음이 그녀를 미국 최고의 토크쇼 진행자이자 세계적 영향력을 지닌 인물로 만들었다.

　"당신이 생각하는 대로 당신의 인생이 결정됩니다. 당신이 믿는 바가 당신의 현실이 되는 거예요." Oprah는 강연과 저서를 통해 긍정적 사고의 중요성을 역설해왔다. 그녀의 삶 자체가 '생각의 힘'을

보여주는 산 증거라 할 수 있다. 어려운 환경 속에서도 희망을 잃지 않고 꿈을 향해 전진한 Oprah처럼, 우리도 자신을 믿는 힘을 잃지 않는다면 반드시 소망을 이룰 수 있을 것이다.

해방의 길: 넬슨 만델라의 자유에 대한 생각

"자유로운 삶이란 다른 사람의 자유를 존중하면서 사는 것이다." 남아프리카공화국의 인권운동가 Nelson Mandela는 이렇게 말했다. 그에게 진정한 자유란 단순히 억압에서 벗어나는 것이 아니었다. 모두가 차별 없이 존엄성을 누리는 삶, 그것이 Mandela가 꿈꾼 자유였다.

Mandela는 인종차별 정책에 맞서 싸우다 27년간 감옥에 갇혔지만, 그의 정신만은 결코 구속되지 않았다. 오히려 옥중에서 그는 더 깊은 통찰을 얻었다. 폭력이 아닌 평화적 방식으로 문제를 해결해야 한다는 믿음, 흑인과 백인이 화합할 수 있다는 희망을 품게 되었다. 결국 그는 최초의 흑인 대통령이 되어 자유와 평등의 시대를 열었다. Mandela의 삶은 자유가 억압으로 끝나는 것이 아니라,

모두를 위한 해방에서 비롯됨을 깨닫게 해준다.

마음의 감옥: 투옥에서 배운 교훈

강제 수용소, 감옥, 유배지. 국가나 체제에 의한 물리적 구금은 인간의 자유를 속박하는 대표적 사례이다. 하지만 우리를 가장 혹독하게 가두는 감옥은 따로 있다. 바로 마음속에 존재하는 감옥, 즉 부정적 생각과 두려움, 편견과 같은 내면의 굴레다.

역사 속 위인들의 이야기는 철창 안에서도 정신적 자유를 잃지 않은 이들의 증언이다. 나치 강제수용소에 갇혔던 Viktor Frankl은 상상력을 통해 정신적 자유를 경험했고, 27년간 투옥된 Nelson Mandela는 희망을 잃지 않고 더 큰 자유를 위해 투쟁했다. 반체제 시인 Liu Xiaobo는 중국 정부의 탄압에도 불구하고 자유를 노래하는 시와 글을 써내려갔다. 이들은 열악한 환경에서도 자신의 생각과 신념을 지키며 불굴의 의지를 보여주었다.

물론 우리 대부분은 그들처럼

극한의 상황에 놓이진 않는다. 하지만 나름의 내적 감옥에 갇혀 진정한 자유를 만끽하지 못하는 경우가 많다. 과거의 실패나 아픈 기억, 자기 의심과 부정적 신념에 사로잡혀 전진을 멈추게 된다. 우리에겐 바로 그런 내면의 독소를 정화할 용기와 결단이 필요한 것 같다.

"내가 자유롭기로 마음먹은 그 순간, 나는 자유로워졌다." Nelson Mandela의 이 말처럼, 자유롭고자 하는 마음가짐 자체가 핵심이다. 우리의 생각을 억압하는 내적 감옥에서 탈출하는 순간, 비로소 진정한 자유를 만끽할 수 있을 것이다. 두려움과 한계를 넘어, 자신만의 길을 당당히 걸어가는 그 날을 기대해본다.

질병을 이긴 승리: 랜스 암스트롱의 기적적인 회복

희망의 끈을 놓지 않는 한 불가능이란 없다. 미국의 자전거 선수 Lance Armstrong의 투병기는 우리에게 그 교훈을 전해준다. 고환암 말기 진단을 받았을 때 그에겐 생존 가능성이 20% 미만이라는 절망적 선고가 내려졌다. 하지만 그는 굴하지 않았다.

"내게는 두 가지 선택지가 있었어요. 포기하느냐, 싸우느냐. 전 후자를 택했죠." Armstrong은 암세포와의 전쟁을 선포했다. 그에게 암은 반드시 이겨내야 할 인생 최대의 도전이었다. 포기란 선택지는 애초에 없었다. 혹독한 항암치료와 투병 생활, 순간순간 죽음을 느낄 만큼 힘든 과정이었지만 그는 결국 기적을 만들어냈다. 암을 완치하는 것은 물론, 불과 3년 만에 Tour de France 대회 정상에 오르는 극적인 부활을 이뤄냈다.

Armstrong의 도전은 아직도 진행형이다. 은퇴 후에도 그는 암 투병을 하는 이들에게 희망의 메시지를 전하며 꾸준히 기부 활동을 펼치고 있다. 그의 여정은 모든 역경을 딛고 일어선 한 인간의 승리일 뿐만 아니라, 불굴의 의지로 기적을 만들어낸 위대한 도전이기도 하다. 그래서 지금도 전 세계 많은 이들에게 삶의 희망이 되고 있는 것 같다.

"포기하지 않는 한 당신은 결코 지지 않습니다. 내일의 해는 반드시 다시 뜰 테니까요. 암흑 속에서도 희망의 빛을 잃지 마세요." Armstrong이 전하는 응원의 메시지이다. 우리 인생의 터널을 지날 때, 그의 이야기가 우리에게 힘과 용기를 전해주길 바란다.

결코 믿음을 멈추지 마라

인생은 누구에게나 도전의 연속이다. 크고 작은 역경이 우리의 앞을 가로막곤 한다. 그럴 때마다 우리를 지탱해주는 건 '자기 믿음'이다. 포기하고 싶은 순간에도 자신을 믿고 앞으로 나아가는 힘, 그것이 결국 우리를 승리로 이끄는 원동력이 되어준다.

미국 토크쇼의 여왕 Oprah Winfrey, 남아공 흑인 인권운동가 Nelson Mandela, 암 투병의 아이콘 Lance Armstrong까지. 그들은 모두 절망의 순간을 겪었지만, 자신을 믿는 힘으로 역경을 딛고 일어섰다. 불가능해 보이는 꿈을 향해 전진을 멈추지 않았다. 세상이 그들의 가능성을 의심할 때도, 그들 스스로는 자신의 무한한 잠재력을 믿었기에 기적을 만들어낼 수 있었다.

우리의 인생도 마찬가지이다. 실패와 좌절의 순간이 있겠지만, 그때마다 자신을 믿는 힘을 잃지 않는 게 중요하다. 지금의 고난이 머지않은 미래에 밑거름이 되어줄 거라는 희망, 포기하지 않는 한 반드시 꿈을 이룰 수 있다는 확신. 그런 믿음이 우리를 버티게 하고 전진하게 하는 원천이 되는 것 같다. 물론 자기 믿음을 갖기란 쉽지 않다. 내 안의 의심과 불안, 한계에 대한 막연한 두려움이 우리를 옭아매곤 한다. 하지만 그럴수록 잊지 말아야 할 진실이 있다. 우리 모두는 저마다의 빛을 품은 존재라는 것. 자신만의 고유한 잠재력과 가능성을 지닌 소중한 존재라는 사실이다.

그 빛을 믿어야 한다. 지금 보이지 않아도, 느끼지 못해도 괜찮다. 당신 안의 빛은 언제나 당신과 함께 하니까. 자기 자신을 온전히 믿고 나아갈 때, 우리는 누구나 삶의 창조자가 될 수 있다. Mandela의 말마따나 우리가 생각하는 대로 우리의 삶이 만들어지는 것이다. 그러니 어떤 순간에도 자신을 믿는 힘을 잃지 마라. 비록 지금은 막막할지 모르지만, 희망을 놓지 않는 한 분명 밝은 날이 올 것이다. 당신이 바로 당신 인생의 작가이자 화가, 그리고 조각가이다. 자신을 믿는 붓으로 아름다운 미래를 그려나가길 바란다. 기억하라. 불가능은 없다는 걸. 당신이 믿는 만큼 당신의 가능성도 커질 테니까.

우리의 인생여정에서 우리를 이끄는 것은 바로 믿음이다. 크고 작은 역경의 파도가 밀려와도, 포기하지 않고 자신을 믿는 한 우리는 목적지에 도달할 수 있다. 당신의 돛에 믿음을 가득 채우고 앞으로 나아가라. 끝없이 펼쳐진 가능성의 바다 위로, 당신이 그토록 원하던 꿈의 항구를 향해.

월트 디즈니

자, 이제 우리 함께 '생각의 힘'에 대한 경이로운 여정을 떠나보자. 시작은 상상력의 거장 Walt Disney의 이야기이다. 디즈니랜드의 건립을 두고 많은 이들이 그에게 물었다. "결코 이루지 못할 환상을 좇느냐"고. 하지만 그는 이렇게 답했다. "우리가 꿈꿀 수 있는 모든 것은 현실이 될 수 있다." 그리고 디즈니랜드는 마침내 문을 열었다. 이처럼 생각은 현실이 되고 꿈은 실현된다. 불가능은 스스로 믿지 않기 때문이다.

Nelson Mandela, Oprah Winfrey, Lance Armstrong. 이들도 자기 믿음의 힘으로 기적을 일궜다. 역경의 파고를 넘어 꿈을 향해 전진했다. 세상이 그들을 의심할 때도, 결코 자신을 의심하지 않았다.

180도 달라진 인생

당신은 삶의 전환점을 경험해본 적이 있는가? 나에게 그 순간은 신경언어프로그래밍NLP의 변혁적인 힘을 우연히 발견했던 날이었다. 마치 번개처럼 깨달음이 스쳐 지나갔다. 우리의 생각이 현실을 만든다는 단순하면서도 심오한 진실을 깨닫게 되었다. 이는 삶을 뒤집어 놓을 수 있는 잠재력을 지녔다.

토니 로빈스가 NLP 자격증 과정에서 NLP에 사로잡혔던 것처럼, 나 역시 NLP의 가능성에 매료되었다. 기술과 원리를 탐구할수록 우리의 마음이 어떻게 작용하는지, 그리고 어떻게 그 힘을 활용하여 원하는 삶을 만들어낼 수 있는지 이해하게 되었다.

사실 우리는 닭장 속 닭과 크게 다르지 않다. 자유의지가 있다고 생각하지만, 실상은 유전자와 무의식, 자의식이라는 울타리에 갇혀 있다. 이 보이지 않는 장벽들이 우리의 생각과 행동, 나아가 운명까지 결정한다.

　하지만 희소식이 있다. 우리에게는 이런 제약에서 벗어날 수 있는 힘이 있다는 사실이다. 자신의 사고방식을 인지하고 의식적으로 다르게 생각하기로 선택함으로써, 우리는 뇌를 재배선하고 삶을 변화시킬 수 있다. 물론 쉽지는 않을 것이다. 무의식은 강력한 힘을 발휘하며, 우리를 안전지대에 머물게 하려는 방어기제를 펼친다. 누군가 자유를 얻을 수 있다고 말해도, 속내에서는 "난 못해"라는 목소리가 들려온다. 하지만 꾸준히 연습한다면 그런 제한적

신념을 극복할 수 있다.

 핵심은 모두가 똑같이 생각하는 것이 곧 평범한 생각이라는 점을 인지하는 것이다. 그리고 평범한 생각은 평범한 결과로 이어진다. 우리가 비범한 삶을 원한다면, 비범한 사고를 함양해야 한다.

 바로 여기에서 NLP가 빛을 발한다. 해리dissociation, 재구성reframing, 고정anchoring, 전환swishing 같은 기법을 활용하면 성공을 위해 마음을 재프로그래밍할 수 있다. 우리를 붙들어 매던 패턴에서 벗어나 진정 원하는 삶을 살기 시작할 수 있다.

 하지만 이는 단지 자신의 삶을 바꾸는 것에 그치지 않는다. 다른 사람들도 변화할 수 있도록 돕는 일이기도 하다. NLP 전문가이자 코치로서, 나는 이 기술이 개인과 조직 모두에게 어떤 변화를 가져다줄 수 있는지 직접 목격했다. 의사소통과 리더십 기량 향상부터 매출과 관계 증진에 이르기까지, NLP는 엄청난 규모의 긍정적 변화를 창출할 수 있다.

 기억하라. 여러분 안에는 원하는 삶을 만들어낼 수 있는 힘이 있다는 것을. 모든 것은 단 하나의 생각에서 시작된다. 그 생각이 여러분의 세계를 뒤집고, 여러분을 놀라운 성공의 길로 인도할 수 있다.

이제 생각의 힘을 받아들이고 진정한 잠재력을 일깨울 준비가 되었는가? 함께 뛰어들어 여러분의 마음이 어디까지 날아갈 수 있을지 발견해보자.

당신의 생각은 당신의 현실이 된다

우리의 생각은 곧 우리의 현실이 된다. 이 한 문장에는 인생을 바꾸는 엄청난 힘이 숨어 있다. 일상의 크고 작은 선택의 순간마다, 우리는 무의식적으로 생각의 씨앗을 뿌리고 있다. 어떤 생각의 씨앗을 선택하느냐에 따라 우리 인생의 풍경은 극명하게 달라진다.

생각의 힘은 실로 대단하다. 역사를 바꾸고 세상을 변화시킨 위인들의 이면에는 언제나 비범한 사고가 자리하고 있었다. 그들은 한계를 뛰어넘는 창의적이고 도전적인 발상으로 불가능을 가능으로 만들어냈다. 반면 부정적이고 제한적인 사고에 갇힌 사람들은 늘 한 곳에 머물며 자신의 잠재력을 깨닫지 못한 채 평범한 삶을 살아간다.

평범한 사람과 비범한 사람의 차이는 단지 그들이 어떤 생각을 하느냐에 달려 있다. 우리의 무의식은 지난 세월 동안 학습되고 굳어진 사고의 프레임 안에 안주하려는 경향이 있다. 마치 닭장 속의 닭들처럼 우리도 주어진 한계 상황을 당연하게 받아들이며 살아가기 쉽다. 하지만 자신의 생각을 객관적으로 바라보고 의식적으로 선택할 때, 우리는 비로소 진정한 자유와 무한한 가능성을 얻게 된다.

긍정적이고 건설적인 사고는 우리 삶에 기적 같은 변화를 가져다 준다. 희망찬 마음가짐은 도전을 즐기게 하고, 역경을 오히려 성장의 기회로 만든다. 스스로를 믿고 응원하는 생각은 내면의 잠재된 힘을 끌어올리는 원동력이 된다. 자신의 가치와 가능성을 믿는 사람들은 작은 성취에도 감사할 줄 알며, 실패를 결코 끝이 아닌 새로운 시작으로 여긴다. 이처럼 생각의 프레임을 바꾸는 것만으로도 인생의 큰 전환점을 맞이하게 된다.

반대로 부정적이고 비관적인 사고에 사로잡힌 사람들은 늘 한계와 제약 속에 갇혀 산다. '할 수 없다, 안 된다, 무리다'라는 말은 변화에 대한 두려움을 반영한다. 안 해본 일, 실패할 것 같은 일에는 아예 도전조차 하지 않는 것이다. 그러나 최악을 가정하고 움츠러드는 사고 방식은 우리 안의 수많은 가능성을 가로막는 장애물이 되고 만다. 불안과 염려로 가득 찬 마음은 에너지를 급속도로 소진시키고, 정작 해야 할 일에 집중하지 못하게 한다.

생각이 습관처럼 굳어지면 바꾸기가 쉽지 않다. 그러나 분명한 사실은 우리에게는 그것을 선택할 자유가 있다는 것이다. 고단한 현실에 짓눌려 무기력해질 때도, 절망 속에서 좌절할 때도 변화의 시작점은 바로 생각에 있다. 의식적으로 긍정의 시선으로 전환하는 순간, 새로운 희망의 문이 열리기 시작한다.

생각은 신념이 되고, 신념은 행동으로 표출된다. 그리고 반복된 행동은 습관을 형성하고, 습관은 결국 우리의 운명을 결정짓는다. 초록 잎사귀를 바라보며 광합성을 상상할 때와 그저 푸른 색을 감상할 때, 우리 뇌에서는 전혀 다른 화학작용이 일어난다. 생각의 차이가 감정과 행동, 그리고 최종적으로는 우리 삶의 결과를 완전

생각의 자유

히 바꿔놓는 것이다.

'당신의 생각이 곧 당신의 현실이 된다'라는 말처럼, 우리의 인생은 바로 우리의 생각에 달려 있다. 생각의 힘을 의심하지 말고 스스로를 믿어야 한다. 그러기 위해 필요한 것은 바로 긍정의 렌즈를 통해 세상을 바라보는 것, 희망찬 내일을 향해 꿈꾸는 것, 그리고 용기 있게 도전하고 실천하는 것이다.

매일 아침 눈을 뜨는 순간, 우리는 다시 한 번 소중한 선택의 기회를 얻게 된다. 어떤 생각을 하며 하루를 시작할 것인지는 전적으로 자신에게 달렸다. 무의식의 지배에서 벗어나 새로운 생각, 확 트이는 발상으로 인생에 날개를 달아보자. 생각을 바꾸는 것에서 모든 변화는 시작된다. 생각이 바뀌면 태도가 바뀌고, 태도가 바뀌면 습관이 바뀌며, 습관이 바뀌면 인생이 바뀐다.

지금 이 순간 당신의 정신을 지배하고 있는 생각은 무엇인가? 그 생각이 당신을 어디로 이끌고 있는가? 당신의 꿈과 이상, 원하는 미래에 다가가고 있는가? 아니면 불안과 막연한 두려움으로 가득한 막다른 골목으로 향하고 있지는 않은가? 때로는 인생의 전환점이 되는 결정적인 생각 하나가 모든 것을 바꿔놓을 수 있다. 그 힘을 믿어야 한다. 변화는 어려울 수 있지만, 그 시작은 생각만큼 간단하다. 부정적인 사고의 굴레에서 벗어나, 자신의 믿음과 가치관에 맞는 긍정적인 생각을 선택하라. 마음의 창을 활짝 열고 새로운 가능성을 꿈꿔라. 그리고 그 생각에 행동을 결합시켜 구체적인 결실을 만들어가라. 생각이 현실이 되는 놀라운 기적, 오늘부터 바로 당신에게 일어날 것이다.

성공의 계단

2장

NLP 기본기 다지기

NLP, 그 위대한 발견의 순간들

1972년, 캘리포니아 대학교 산타크루즈 캠퍼스. 한 젊은 수학과 조교수와 심리학 대학원생이 캠퍼스 한편에서 열띤 토론을 벌이고 있었다. 리처드 밴들러와 존 그린더, 이들이 바로 NLP의 창시자들이다. 그들은 인간 커뮤니케이션의 본질을 탐구하며, 탁월한 심리치료사들의 기술을 규명하고자 했다. 그렇게 NLP의 역사가 시작되었다.

밴들러와 그린더는 당대 최고의 심리치료사들, 프리츠 펄스, 버지니아 사티어, 밀턴 에릭슨을 관찰하고 분석했다. 그들은 이 천재적인 치료사들이 어떻게 사람들의 삶을 변화시키는지 궁금했다. 수개월에 걸친 집중 연구 끝에, 밴들러와 그린더는 핵심 원리를 발견했다. 탁월한 치료사들은 모두 내담자의 내적 표상 체계를 다루고 있었던 것이다.

우리의 생각, 감정, 행동은 모두 신경 언어적 프로그래밍의 결과물이다. NLP는 우리가 세상을 인식하고 해석하는 방식, 즉 주관적 경험의 구조에 천착한다. 내적 표상 체계를 의식적으로 변화시킬 때, 우리는 삶의 질을 획기적으로 개선할 수 있다. 이것이 NLP의 혁명적 통찰이었다.

NLP는 탁월한 행위자들의 무의식적 전략과 기술을 모델링한다. 뛰어난 의사소통 능력, 목표 달성 전략, 동기부여와 자기 관리 기술 등이 대표적이다. 이를 통해 NLP는 심리치료를 넘어 자기계발, 교육, 조직 경영 등 다양한 분야에서 활용되기 시작했다. NLP는 단

밀턴 에릭슨

순한 기법을 넘어, 인간 잠재력 계발을 위한 포괄적 접근으로 자리 잡았다.

NLP의 주요 모델링 연구로는 밀턴 모델과 메타 모델을 꼽을 수 있다. 밀턴 에릭슨의 교묘한 언어 패턴을 체계화한 밀턴 모델은 무의식에 직접 접근하는 은유적 언어의 활용법을 제시한다. 메타 모델은 언어적 왜곡, 일반화, 생략을 파악하고 구체화함으로써 사고를 명료화하는 기법이다. 이는 NLP 언어 프로그래밍의 핵심 도구가 되었다.

NLP의 선구자들은 치료 현장을 넘어, 최고의 교육자, 운동선수, 경영자들의 전략도 모델링했다. 그들은 탁월함의 본질을 추출해내는 작업에 열중했다. 모델링을 통해 NLP는 '어떻게' 할 것인가에 대한 실용적 노하우를 제공할 수 있었다. 이는 원하는 결과를 창출하는 구체적인 방법론이었다.

1980년대 이후 NLP는 전 세계적으로 폭발적인 반응을 얻었다. 수많은 사람이 NLP 세미나에 참가하며 자신의 삶을 변화시켰다. NLP는 기존의 자기계발서나 처방적 조언과는 차원이 달랐다. 생각과 행동의 구조를 파악하고, 이를 원하는 방향으로 재프로그래밍할 수 있게 해주었기 때문이다. NLP는 가능성의 혁명을 불러일으켰다.

물론 NLP에 대한 비판도 존재한다. NLP가 과학적 검증을 거치지 않은 채 상업적으로 남용되고 있다는 지적이다. NLP를 창시한 밴들러와 그린더 역시 초기 모델링 연구 이후 독자적인 노선을 걸었다. 하지만 NLP의 핵심 가정과 기본 테크닉은 여전히 유용성을 인정받고 있다. 자기 인식, rapport 형성, 목표 설정, 신념의 변화 등 NLP의 주요 모델은 그 자체로 가치 있는 통찰을 제공한다.

오늘날 NLP는 다양한 분야에서 활발히 활용되고 있다. 심리상담, 코칭, 교육, 비즈니스, 스포츠 등에서 NLP 전문가들이 활약하고 있다. 신경과학, 인지심리학 등 인접 학문과의 접목도 이뤄지고 있다. 무엇보다 수많은 사람이 NLP를 통해 자신의 삶을 개선하고 있다. 일상에서 NLP의 언어 패턴과 대화 기술을 활용하며 원활한 소통을 이루고 있는 것이다.

NLP는 '인간 잠재력 계발 운동'의 구심점이 되고 있다. 자신의 내면에 접근하는 구체적인 방법론을 제시하고, 성공적인 변화를 이끌어내는 실천 전략을 제공하고 있기 때문이다. NLP의 모델링 정신은 우리에게 중요한 메시지를 전한다. 누구나 탁월할 수 있으며, 탁월함에는 구조가 있다는 것. 이는 지속적인 학습과 도전을 통해 자신의 잠재력을 개발해 나갈 수 있다는 희망을 준다.

NLP는 고정된 기법의 집합이 아니라 발전하는 학문이다. 새로운 인사이트와 기술, 응용 분야가 끊임없이 창안되고 있다. 고차원

NLP는 정체성과 영성의 변화를 다루는 영역으로 발전하고 있다. NLP가 변화의 기술을 넘어 진정한 자기 성찰과 성숙의 도구로 거듭나고 있는 것이다. 이는 NLP가 가진 무한한 잠재력을 보여준다.

1970년대, 호기심 가득한 눈빛으로 심리치료 거장들을 관찰하던 밴들러와 그린더. 그들은 아마 NLP가 가져올 위대한 변화를 예감했을 것이다. 그 예감은 적중했다. NLP는 인간 잠재력 계발의 새로운 흐름을 만들어냈다. 우리에겐 변화와 성장을 주도할 힘이 있음을, NLP는 일깨워주었다. 그 깨달음의 순간이야말로, NLP가 우리에게 선사한 가장 위대한 발견이 아닐까. 이제 우리가 그 발견의 의미를 새기고, NLP의 지혜를 삶에서 실현해 나갈 차례다.

NLP의 6가지 법칙

가만히 닭장 앞에 서서 닭들을 바라보면 재미있는 광경이 펼쳐진다. 닭들은 좁은 울타리 안에서 정해진 생활 패턴을 반복한다. 먹이를 쪼아 먹고, 낮잠을 자고, 알을 낳는다. 그들에게 주어진 세상은 닭장 안이 전부이다.

인간의 삶도 닭과 크게 다르지 않다. 인간에게도 보이지 않는 울타리가 있다. 이 울타리는 유전자, 무의식, 자의식으로 이루어져 있다. 이 보이지 않는 울타리는 우리의 생각과 행동을 제한한다. 하지만 희소식이 있다. 바로 그 울타리를 넘어설 수 있다는 사실이다. 신경언어프로그래밍Neuro-Linguistic Programming, NLP은 우리가 울타리를 넘어 자유를 얻을 수 있는 길을 제시한다.

NLP의 6가지 법칙은 우리가 어떻게 울타리를 넘어설 수 있는지 알려준다. 그 첫 번째 법칙은 요구 다양성의 법칙(Law of Requisite Variety)이다. 이는 선택의 폭을 넓히라는 뜻이다.

두 번째 법칙은 인과 관계의 법칙 Law of Cause and Effect)이다. 삶에 일어나는 모든 일에는 원인이 있다. 우리는 그 원인을 통제함으로써 원하는 결과를 얻을 수 있다.

CEO이자 대학 교수인 브렌던 버처드 박사는 이렇게 말한다. "인생에서 성공하는 사람들은 자신이 통제할 수 있는 것에 집중한다." 우리 인생은 생각, 감정, 행동이라는 씨앗에서 자란다. 어떤 씨앗을 뿌릴 것인지는 오직 우리 자신이 선택할 수 있다.

세 번째는 탁월성 모델링의 법칙 Law of Modeling Excellence이다. 이는 최고의 사람들로부터 배우라는 뜻이다. 탁월한 사람들의 행동, 전략, 마인드셋을 연구하고 모방하는 것이다.

비즈니스 코치로 활동 중인 루이스 하우스는 멘토와 롤모델을 찾는 것이 성공의 지름길이라고 강조한다. 이미 성공한 사람들의 노하우를 배우면 시행착오를 줄이고 빠르게 성장할 수 있다. 중요한 점은 겉으로 드러난 행동뿐 아니라 이면에 숨은 사고방식까지 파악하는 것이다.

네 번째 법칙은 생태계의 법칙 Law of Ecology이다. 이는 만물이 연결되어 있음을 인식하라는 뜻이다. 우리의 생각과 행동이 주변에 미치는 영향을 생각해야 한다는 것이다.

건축가이자 교육자인 존 러스킨은 자연의 위대한 설계를 강조했다. 우리가 자연의 섬세한 균형을 깨뜨리면 돌이킬 수 없는 재앙을 맞게 된다. 마찬가지로 우리의 행동도 의도하지 않은 결과를 낳을 수 있다. 장기적 관점에서 생태계와 조화를 이루는 삶의 방식을 선택해야 한다.

다섯 번째는 피드백의 법칙 Law of Feedback이다. 주위 사람들로부터 배우고 발전하라는 뜻이다. 우리는 피드백을 통해 문제를 파악하고 개선점을 발견할 수 있다.

컨설턴트 샐리 호그는 피드백이 성장의 주춧돌이라고 말한다. 솔직한 피드백을 구하고 수용하는 것은 쉽지 않다. 하지만 비난이 아닌 배움의 기회로 여길 때 피드백은 우리를 한 단계 성장시킨다. 나아가 우리도 건설적인 피드백을 제공함으로써 서로 발전을 도울 수 있다.

여섯 번째 법칙은 유연성의 법칙 Law of Flexibility이다. 목표를 이루기 위해 전략을 바꿀 줄 알아야 한다는 뜻이다. 변화무쌍한 세상에서 살아남으려면 계획에 연연하지 말고 신속하게 대처해야 한다.

미 공군 대령 출신의 존 보이드는 OODA 루프의 개념을 제시했다. 이는 관찰Observe, 상황 판단Orient, 의사 결정Decide, 행동Act 의 순환 과정을 뜻한다. 전투기 조종사는 신속한 OODA 루프 순환을 통해 생존할 수 있다. 우리의 삶도 마찬가지다. 상황 변화에 맞춰 전략을 재빨리 수정하는 사람만이 살아남는다.

NLP의 6가지 법칙은 우리 인생을 바꿀 수 있는 나침반과도 같다. 요구 다양성의 법칙은 새로운 지식을 얻어 선택지를 넓히라고 조언한다. 인과 관계의 법칙은 우리의 생각과 행동에 책임을 지라고 일깨운다. 탁월성 모델링의 법칙은 성공한 사람들로부터 배우라고 권한다.

생태계의 법칙은 우리가 자연과 연결되어 있음을 상기시킨다. 피드백의 법칙은 다른 사람의 피드백에 귀 기울이라고 역설한다. 유연성의 법칙은 상황에 맞게 변화하라고 주문한다.

NLP의 6가지 법칙을 삶에 적용할 때 우리는 비로소 울타리를 넘어설 수 있다. 닭장 밖의 세상에는 무한한 가능성이 펼쳐져 있다. 용기를 내어 한 걸음 내디디자. 생각이 바뀌면 현실도 바뀐다. 우리 각자가 변화의 씨앗이 될 수 있다. 자유를 향한 여정은 바로 지금, 여기서 시작된다.

NLP 삼위일체

신경언어프로그래밍 Neuro-Linguistic Programming, NLP은 인간의 사고, 언어, 행동의 상호작용에 주목하는 혁신적인 심리학 분야이다. NLP는 우리의 신경학적 과정, 언어적 표현, 행동적 프로그래밍이 서로 긴밀하게 연결되어 있다는 통찰에서 출발한다. 세계적인 코칭 전문가 토니 로빈스는 NLP를 "태도이자 방법론이며, 기술의 연속"이라고 표현했다. NLP 삼위일체의 상호작용을 깊이 탐구함으로써 우리는 인간 잠재력을 극대화하는 열쇠를 발견할 수 있다.

NLP 삼위일체의 핵심은 우리의 생각, 언어, 행동이 불가분의 관계에 있다는 인식에서 출발한다. 우리 뇌가 정보를 처리하는 방식인 신경학은 세상에 대한 우리의 인식과 정서적 반응을 형성한다.

우리의 언어는 이러한 신경학적 패턴을 반영하고 강화하면서, 우리를 더욱 힘 있게 만들거나 제한할 수 있는 피드백 고리를 만든다. 그리고 우리의 프로그래밍, 즉 습관적 행동과 전략은 이러한 내적 대화의 외적 발현이다.

NLP 삼위일체의 힘은 개인의 변화를 위해 이러한 상승작용을 활용할 수 있다는 점에 있다. 우리의 신경학, 언어, 프로그래밍이 어떻게 상호작용하는지 이해함으로써, 우리는 순환 고리의 어느 한 지점에서든 의식적으로 개입하여 긍정적 변화를 만들어낼 수 있다. 신경학적 경로를 재배선하고, 내적 대화를 재구성하며, 원하는 결과에 부합하는 행동을 재프로그래밍할 수 있는 것이다.

NLP의 주요 원칙 중 하나는 "지도는 실제 지형이 아니다"라는 것이다. 즉, 현실에 대한 우리의 주관적 경험 자체가 현실 그 자체는 아니며, 우리 고유의 신경학적, 언어적 렌즈를 통해 걸러진 표상이라는 뜻이다. 우리의 인식이 유연하다는 점을 인식함으로써, 우리는 더 힘이 되고 충만한 현실을 만들기 위해 우리의 지도를 능동적으로 재구성할 수 있다.

이러한 지도 재구성 과정은 우리가 경험을 묘사하는 데 사용하는 언어에 대한 깊은 이해를 수반한다. 우리의 자기 대화와 타인과의 소통에서 선택하는 단어는 우리의 정서 상태와 행동 패턴에 큰 영향을 미친다. NLP는 메타모델 Meta Model 과 밀턴모델 Milton Model 과 같은 언어 패턴을 활용하여, 제한적이거나 모호한 언어 구조를 파악하고 보다 정확하고 역량 강화적인 의사소통 방식을 개발한다.

NLP는 또한 우리의 감각 경험, 즉 시각, 청각, 운동감각, 후각, 미각의 상호작용에 주목한다. 우리 각자는 세상을 경험하고 정보를 처리하는 독특한 방식, 즉 선호 감각 표상 체계 Preferred Representational System, PRS를 가지고 있다. NLP는 이러한 감각적 선호도를 인식하고 전략적으로 활용함으로써, 개인 내적으로나 대인관계에서 보다 효과적인 소통과 영향력 행사가 가능하다고 본다.

NLP의 눈부신 혁신은 인간의 주관적 경험에 대한 구조를 밝혀냈다는 점에 있다. NLP는 사고, 정서, 행동의 패턴이 우연이 아니라 일련의 규칙성을 지닌 과정임을 보여준다. 따라서 이러한 내적 과정을 모델링하고 최적화함으로써, 우리는 탁월한 수행과 긍정적 변화를 이끌어낼 수 있다. NLP는 다양한 심리치료, 코칭, 교육, 비즈니스 영역에서 활발히 활용되고 있으며, 수많은 사람들이 NLP를 통해 자신의 잠재력을 발견하고 한계를 뛰어넘고 있다.

NLP 삼위일체의 통합적 작용은 인간 정신의 놀라운 복잡성과 적응력을 보여주는 산 증거이다. 신경학, 언어, 프로그래밍이 역동적으로 상호작용하며 끊임없이 우리의 현실을 창조해나가는 모습은 경이로울 따름이다. 토니 로빈스의 말처럼 "상상력과 헌신이 우리에게 미치는 영향력의 한계는 우리 자신뿐"이다. NLP 삼위일체의 힘을 깨달음으로써, 우리는 우리 안의 무한한 가능성을 발견하고, 더 나은 자신과 세상을 창조해나갈 수 있다. NLP는 단순히 기술의 집합체를 넘어, 인간 잠재력 개발을 위한 혁명적 사고의 전환을 제공한다.

감정은 삶의 양념과도 같다. 첫 키스의 전율부터 가슴 저미는 실연의 아픔까지, 감정은 인간 경험의 필수불가결한 일부이다. 그러나 감정은 단순히 주관적인 느낌이 아니라, 뇌의 복잡한 신경생물학에 뿌리를 두고 있다. 저명한 신경과학자 안토니오 다마지오는 "감정은 사치가 아니라 이성적 사고와 정상적 사회 행동에 필수적"이라고 말했다.

감정 처리의 중심에는 편도체, 해마, 시상하부 등을 포함하는 일

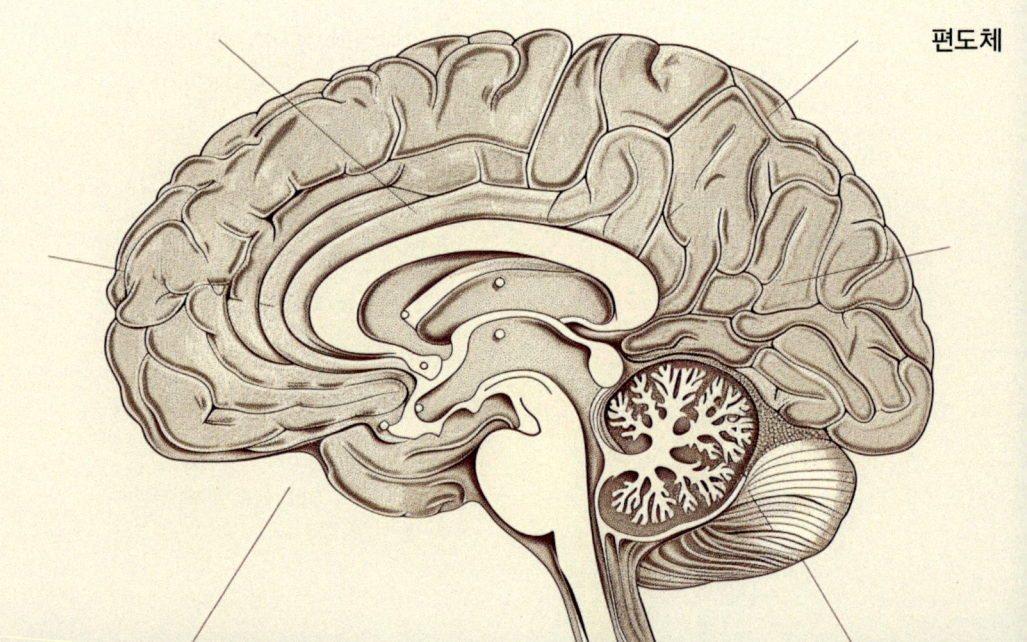

련의 뇌 구조인 변연계가 자리 잡고 있다. '감정 조절 중추'로 불리는 편도체는 감정 반응의 생성과 조절에 결정적인 역할을 한다. 우리가 위협적인 얼굴이나 따뜻한 미소와 같이 감정적으로 두드러진 자극을 마주할 때, 편도체가 활성화되며 일련의 생리적, 행동적 변화가 촉발된다.

편도체는 해마와 긴밀히 협력하여 작용한다. 해마는 감정적 기억의 형성과 인출에 관여한다. 어떤 사건이 감정적으로 강렬할 때, 편도체와 해마는 함께 작용하여 그 경험에 대한 생생하고 오래 지속되는 기억을 만들어낸다. 이것이 우리가 평범한 사건보다 감정적으로 의미 있는 사건을 더 선명하게 기억하는 이유이다.

변연계의 또 다른 핵심 구성원인 시상하부는 감정의 정서적 측면과 생리적 측면을 연결하는 다리 역할을 한다. 시상하부는 자율신경계를 조절하여 심장박동, 혈압, 소화 등의 기능을 통제한다. 우리가 어떤 감정을 경험할 때, 시상하부는 신체의 생리적 반응을 조율하여 공포 시 심장박동 증가, 만족감 시 이완 등의 변화를 일으킨다.

감정은 변연계만의 산물이 아니다. 감정은 뇌의 여러 영역이 복잡하게 상호작용하며 발현된다. 전전두엽은 뇌의 집행 통제 중추로서 감정 조절에 중추적 역할을 한다. 전전두엽은 부적절하거나 과도한 감정 반응을 억제하고 조절하는 데 도움을 준다. 전전두엽 손상이 있는 개인은 흔히 충동적이거나 사회적으로 부적절한 행동을 보이곤 한다.

뇌의 깊숙한 곳에 위치한 작은 영역인 섬엽 insula 또한 감정 처리에서 중요한 역할을 한다. 섬엽은 신체 감각의 지각과 이러한 감각의 감정 경험과의 통합에 관여한다. 우리가 어떤 감정을 느낄 때, 섬엽은 신경 상태 동안 신체에서 일어나는 생리적 변화를 인식하는 데 도움을 준다.

감정은 내적인 경험에 그치지 않는다. 감정은 사회적 상호작용에서도 중추적 역할을 한다. 타인의 감정을 인식하고 적절히 반응하는 능력은 사회 인지의 근본적 측면이다. 우리가 어떤 행동을 할 때와 다른 사람이 같은 행동을 하는 것을 관찰할 때 모두 활성화되는 일군의 뇌세포인 거울뉴런 체계는 공감과 타인 감정의 이해에 관여하는 것으로 여겨진다.

감정의 신경생물학은 고정불변하지 않다. 그것은 우리의 경험과 환경에 의해 형성된다. 만성 스트레스, 트라우마, 삶의 역경은 변연계의 기능을 변화시켜 정서조절 곤란과 불안, 우울과 같은 정신건강 문제의 위험을 높일 수 있다. 반면, 긍정적 경험과 지지적 관계는 정서 회복력과 안녕감에 기여하는 신경회로를 강화할 수 있다.

감정의 신경과학 연구는 정신건강에 대한 우리의 이해와 효과적인 중재의 개발에 중요한 함의를 지닌다. 감정 처리에 관여하는 신경회로를 목표로 삼음으로써, 연구자들은 심부뇌자극이나 뉴로피드백 치료와 같은 기분장애를 위한 새로운 치료법을 개발하고 있다.

뿐만 아니라 감정 신경과학의 통찰은 일상생활에도 적용될 수 있으며, 개인이 정서지능과 회복력을 기를 수 있도록 도울 수 있다. 마음챙김을 실천하고, 정기적으로 운동하며, 지지적인 관계를 가꾸는 것은 정서적 안녕에 기여하는 신경 경로를 강화하는 데 도움이 될 수 있다.

선구적인 심리학자 폴 에크만은 "감정은 보편적 언어"라고 말했다. 감정의 신경과학을 이해함으로써, 우리는 인간 경험의 풍부함과 복잡성에 대한 우리의 이해를 심화할 수 있다. 우리는 삶의 기복을 더 큰 자각, 연민, 회복력으로 헤쳐 나가는 법을 배울 수 있다.

NLP, 당신의 잠재력을 깨우는 열쇠

신경언어프로그래밍 NLP은 단순히 개인의 성장과 발전을 위한 도구에 그치지 않는다. NLP의 혁신적인 기술과 철학은 우리 삶의 거의 모든 영역에 활용되며, 개인과 조직의 잠재력을 극대화하는 데 결정적인 역할을 한다. NLP가 적용되는 다양한 분야를 살펴보면 그 광범위한 영향력과 무한한 가능성에 놀라지 않을 수 없다.

개인의 삶에서 NLP는 자기 성장과 자아실현의 핵심 동력이다. 내면의 신념과 가치관을 탐구하고, 자신의 강점을 발견하며, 삶의 목표를 명확히 설정하는 과정에서 NLP의 기술들이 강력한 도움을 준다. NLP를 통해 우리는 자신의 생각과 감정을 더 깊이 이해하고, 부정적인 사고 패턴과 행동 습관을 긍정적으로 전환할 수 있다. 이는 개인의 행복과 성취 수준을 획기적으로 높이는 열쇠가 된다.

대인관계와 의사소통 영역에서도 NLP의 위력은 실로 대단하다. NLP의 언어 패턴과 rapport 기술을 익힘으로써 우리는 상대방과 깊이 있는 유대감을 형성하고, 효과적으로 소통할 수 있다. 갈등 상황에서 NLP의 reframing 기법을 활용하면 문제를 새로운 관점에서 바라보고 win-win 해법을 모색할 수 있다. 이는 개인 간 관계는 물론 조직 내 협업과 팀워크를 향상시키는 강력한 수단이 된다.

교육 분야에서 NLP는 학습 효과를 극대화하고 학생들의 잠재력을 이끌어내는 혁신적인 접근법으로 주목받고 있다. NLP의 학습 전략과 기억술을 적용하면 학습 속도와 이해도를 높일 수 있고, 시험 불안 등의 심리적 장벽을 극복할 수 있다. 교사가 NLP 기술을 활용하여 학생들과 효과적으로 소통하고 그들의 동기를 북돋울 수 있다면 교육의 질은 한 차원 높아질 것이다.

비즈니스와 리더십 영역에서 NLP의 활용 가치는 이루 말할 수 없이 크다. 기업의 리더가 NLP를 익힘으로써 조직의 비전을 설득력 있게 제시하고, 구성원들의 사기를 진작할 수 있다. 변화를 주도하는 NLP 기술을 통해 조직은 위기를 기회로 전환하고, 새로운 도전에 유연하게 대처할 수 있다. 협상이나 세일즈에서도 NLP는 상대방의 욕구를 정확히 파악하고 신뢰를 구축하는 데 결정적인 도움을 준다.

NLP의 무한한 가능성은 유명 인사들의 사례를 통해서도 확인할 수 있다. 세계적인 정치 지도자, 슈퍼스타 운동선수, 스타 연예인 등 자신의 분야에서 최고의 성과를 달성한 수많은 이들이 NLP의 위력을 증언한다. 『NLP 마스터링』의 저자 로버트 딜츠는 NLP를 성공한 사람들의 비밀 무기로 소개하며, 우리 모두가 NLP를 삶에 적용함으로써 놀라운 잠재력을 발휘할 수 있음을 역설한다.

우리가 NLP의 강력한 도구들을 활용할 때, 개인과 조직의 한계는 무너지고 눈부신 도약이 시작된다. 자신의 내면에 깃든 무한한 가능성을 발견하고, 타인과 진정 통하는 소통의 기쁨을 만끽하며, 각자의 영역에서 탁월한 성과를 이뤄낼 수 있다. NLP는 단순한 자기계발 기법이 아니라 우리 인생의 지평을 근본적으로 확장하는 혁명적인 통찰이자 실천 전략이다.

지금 바로 NLP의 세계로 뛰어들어 자신의 삶을 재설계해보자. 당신의 잠재력을 가두는 내면의 족쇄를 끊어내고, 한 차원 높은 삶으로 비상하라. NLP가 당신의 손에 쥐어준 이 놀라운 열쇠로 잠재력의 문을 활짝 열어젖히는 순간, 그 어떤 한계도 두려워하지 않는 당신의 모습을 발견하게 될 것이다.

NLP로 성공한 사람들의 비밀

우리는 모두 한계를 가지고 살아간다. 어릴 때 만들어진 신념과 사고의 틀이 삶의 닭장이 되어 자유를 제한한다. 하지만 NLP는 그 닭장에서 탈출할 수 있는 열쇠를 제공한다. NLP로 한계를 극복하고 놀라운 성취를 이룬 사람들의 사례는 매우 많다.

NLP의 창시자 리처드 밴들러 박사는 불과 한 번의 세션으로 클라이언트의 33년 물 공포증을 없앴다. 이처럼 NLP는 우리 안에 자리 잡은 부정적이고 제한적인 신념을 과감히 뿌리 뽑아준다. 두려움, 자존감 결여 같은 심리적 한계에서 벗어나게 해줄 뿐 아니라 학습장애, 중독, 강박행동 같은 심각한 문제도 해결할 수 있다.

긍정적 마음가짐의 힘은 대단하다. NLP에는 부정적 사고를 긍정으로 전환하는 다양한 기법이 있다. 무언가를 시도할 때 "할 수 없어"라는 생각이 먼저 떠오른다면 "할 수 있어"를 반복해서 말하거나 상상하라. 꾸준히 긍정적 메시지를 보내다 보면 무의식이 서서히 바뀌기 시작한다. 이때 가장 중요한 것은 일관성이다. 포기하지 않고 믿음을 갖고 실천하는 것, 그것이 변화의 원동력이다.

NLP 리프레이밍 기법 역시 강력한 무기가 된다. 상황 자체는 바꿀 수 없어도 그것을 바라보는 생각의 틀은 얼마든지 바꿀 수 있다. "면접에 떨어졌다"는 사실을 "성공으로 가는 소중한 실패"로 재구성하는 식이다. 우리에게 불리해 보이는 상황도 유리한 쪽으로 재해석하는 순간 삶에 대한 통제력을 되찾게 된다. 이는 엄청난 자신감과 동기부여로 이어진다.

인간은 사회적 동물이다. 인간관계에서 말을 잘하는 것은 너무나 중요하다. NLP에는 강력한 의사소통 기술이 가득하다. 미러링 기법을 사용하면 무의식적으로 상대의 몸짓과 말투를 따라 하게 되는데, 이는 친밀감 형성에 큰 도움이 된다. 상대방의 입장에서 생각하고 가치관을 존중하는 것도 필수다. 이해받고 인정받는 기분은 사람을 움직이는 힘이 있다.

NLP를 활용하면 어떤 분야에서든 최고 성과를 달성할 수 있다. NLP의 핵심은 탁월한 사람들의 사고방식과 행동 전략을 배우는 모델링 기법이다. 무하마드 알리의 강인한 정신력, 스티브 잡스의 혁신 정신을 NLP로 체득할 수 있다. 평범한 사람도 NLP로 자신의 잠재력을 일깨워 놀라운 성취를 이뤄낼 수 있다. 그 가능성은 무한하다.

실제로 NLP는 나의 인생을 180도 바꿔놓았다. 이제 강단에 서서 수많은 사람에게 희망의 메시지를 전하고 있다. 세상의 수많은 닭장을 허물 NLP 혁명이 시작되고 있다. 당신도 주저 없이 동참하기 바란다. 늦었다고 생각할 때가 가장 빠른 때다. 지금 당장 NLP로 내면의 거인을 깨우라. 상상을 초월하는 놀라운 변화가 기다리고 있을 것이다. 한계를 뛰어넘어 마침내 진정한 자유를 맞이하게 될 것이다. 지금 이 순간, 당신의 인생에서 가장 멋진 모험을 시작하라!

3장

뇌과학으로 풀어보는
생각의 비밀

뇌, 그 신비로운 블랙박스

인간의 뇌는 정말 경이롭고 신비로운 존재다. 뇌의 한계를 초월하는 잠재력을 연구하기 시작했을 때 토니 로빈스는 "인간의 탁월함을 열어젖히는 만능열쇠를 우연히 발견한 것 같았다"고 회고했다. 우리가 이 놀라운 기관의 복잡한 작동 원리를 하나씩 밝혀낼수록 그 심오한 신비에 경외감을 느끼게 된다.

잠시 끝없이 펼쳐진 광활한 우주를 상상해보자. 수많은 별과 은하가 무한대로 뻗어나가는 모습을 떠올리는 순간, 우리는 경이로운 사실 하나를 마주하게 된다. 바로 인간의 뇌에는 우리 은하에 존재하는 별만큼이나 많은 뉴런이 들어있다는 것이다. 이 복잡한 세포와 시냅스의 네트워크는 우리의 사고, 감정, 기억, 정체성의 열쇠를 쥐고 있다. 그것은 우주 그 자체의 축소판이자, 탐구되고 활용되기를 기다리는 잠재력의 은하계인 셈이다.

뇌의 핵심에는 각기 특수한 기능을 수행하는 몇 개의 구별되는 영역이 자리한다. 뇌에서 가장 큰 부분인 대뇌는 좌반구와 우반구로 나뉜다. 이 두 반구는 협력하여 작동하며, 백질과 신경 경로로 이루어진 큰 C자형 구조인 뇌량을 통해 소통한다. 바로 이 반구 간의 섬세한 상호작용이 우리 고유의 지각, 능력, 성격 특성을 만들어낸다.

더 깊이 파고들면 대뇌피질이라는 대뇌의 가장 바깥층을 발견하게 된다. 이 복잡하게 주름진 표면은 언어, 기억, 의사결정 등 고차원적 인지 기능의 자리다. 바로 여기에서 우리는 주변 세계를 처리하고, 감각 정보를 해석하며, 반응을 형성한다. 대뇌피질은 뇌의 놀라운 가소성, 즉 평생에 걸쳐 적응하고 배우며 성장하는 능력을 입증하는 산 증거다. 그러나 뇌의 경이로움은 해부학적 구조를 훨씬 뛰어넘는다. 그 기능의 중심에는 뉴런 사이에서 신호를 전달하는 화학 전령인 신경전달물질의 섬세한 균형이 자리한다. 도파민, 세로토닌, 노르에피네프린과 같은 이 신경전달물질은 우리의 기분, 감정, 인지 과정을 조절하는 데 결정적인 역할을 한다. 이 복잡한 균형이 깨지면 다양한 정신건강 문제가 발생할 수 있는데, 이는 뇌 화학작용이 우리의 웰빙에 미치는 깊은 영향을 강조한다.

시냅스

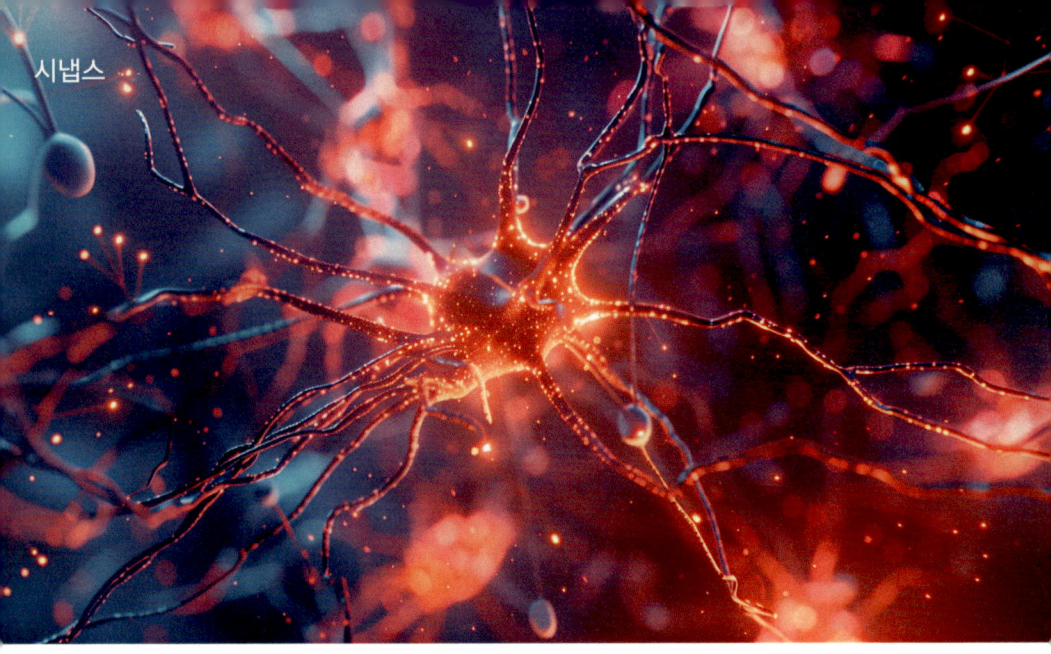

　　현대 생활의 복잡성을 헤쳐나가면서 우리는 뇌의 끊임없는 에너지 요구를 간과하기 쉽다. 체중의 겨우 2%에 불과한 이 강력한 기관은 우리 총 에너지 자원의 무려 20-30%를 소비한다. 그것은 영원한 엔진이며, 포도당과 산소로 끊임없이 연료를 공급받으며, 최적의 기능을 향한 추구에서 결코 쉬지 않는다. 이러한 이해는 우리의 일상에 중대한 영향을 미친다. 우리가 먹는 음식부터 기르는 습관에 이르기까지, 우리가 내리는 모든 선택은 뇌의 중요한 자원을 풍부하게 하거나 고갈시킬 수 있다. 이렇듯 복잡하고 엄청난 잠재력에 직면하면, 뇌가 여전히 과학적 탐구의 최대 영역 중 하나로 남아 있는 것이 당연하다. 해가 갈수록 새로운 발견이 뇌의 경이로운 능력과 인간 경험을 형성하는 데 있어 뇌의 역할에 대해 빛을 비춘다. 의식의 흥미로운 본질부터 기억의 신비로운 작용에 이르기까지, 뇌는 우리를 계속해서 매료시키고 영감을 준다.

뇌의 비밀을 풀어가는 이 여정을 시작하면서, 경외감과 겸손함을 가지고 접근해보자. 우리 마음의 미로 같은 네트워크 안에는 발견되기를 기다리는 우주가 있다. 그 우주는 우리의 진정한 잠재력을 열어젖히고 우리가 아직 상상하지 못한 방식으로 삶을 변화시키는 열쇠를 품고 있다. 그러니 호기심과 결단력을 무장하고, 인간 뇌의 광활한 지평과 그 모든 헤아릴 수 없는 가능성을 탐험할 준비를 하자.

뇌, 그 신비로운 블랙박스는 우리에게 그 비밀을 풀어내고 믿을 수 없는 힘을 활용하라고 부른다. 우리가 그렇게 할 때, 우리는 자신에 대한 더 깊은 이해를 얻을 뿐만 아니라 무한한 잠재력의 미래로 향하는 문도 연다. 저명한 신경과학자 데이비드 이글먼 박사의 말처럼 "뇌는 복잡한 시스템이지만, 그것이 우리가 그 코드를 해독하는 것을 막지는 못했다. 핵심은 계속 탐구하고, 계속 질문하며, 우리 자신의 마음 속 경이로움에 감탄하는 것을 멈추지 않는 것이다." 그러므로 도전을 받아들이고 자기 발견의 여정을 떠나보자. 우리 자신의 의식의 깊이로 뛰어들어, 우리의 현실을 형성하는 생각, 감정, 경험의 복잡한 상호작용을 탐구해보자. 그리고 우리를 지금의 우리로 만드는 장엄한 기관에 대한 새로운 경외감과 감사함을 안고 떠오르자.

이 흥미진진한 여정을 시작하면서, 당신의 삶을 변화시킬 힘이 바로 당신 자신의 마음속에 있다는 것을 기억하라. 뇌를 이해하고 키워나감으로써, 우리는 우리를 가로막는 한계에서 벗어나 진정한 잠재력을 발휘할 수 있다. 그러니 열린 마음과 기꺼이 받아들이는 마음으로 이 탐험에 접근하여, 우리를 기다리는 경이로움을 받아들일 준비를 하자.

생각이 뇌를 조각한다

냉철하게 분석하고, 자기 자신을 깊이 이해할 때 우리는 비로소 내면의 변화를 이끌어낼 수 있다.

자기 이해는 NLP에서 매우 중요한 역할을 한다. 우리 내면의 생각과 감정, 행동 패턴을 분석함으로써 우리는 자신을 더 잘 이해하고, 변화를 위한 전략을 세울 수 있다. 예를 들어, 일지를 쓰거나 명상을 통해 자신의 생각과 감정을 정리하는 습관을 들이면, 무의식적으로 작용하는 부정적 패턴을 인식하고 이를 긍정적으로 바꿀 수 있다.

또한 성찰의 과정에서 우리는 자신의 가치관과 목표를 명확히 할 수 있다. 이는 우리의 삶에 방향성을 부여하고, 진정한 동기부여를 가능하게 한다. 목표 설정에서부터 성취까지의 모든 과정은 자기 이해와 성찰을 바탕으로 해야 한다. 이는 우리가 더욱 진정성 있게 목표를 추구하고, 이를 이루기 위한 강력한 의지와 에너지를 유지하는 데 필수적이다.

NLP의 다양한 기법들은 이러한 자기 이해와 성찰 과정을 돕는다. 예를 들어, 시각화 기법은 우리가 원하는 미래를 생생하게 그려보게 함으로써 목표에 대한 동기를 강화한다. 또 다른 기법인 앵커링은 특정 감정 상태를 강화하는 데 도움을 준다. 이처럼 NLP는 우리의 내면을 탐구하고, 긍정적 변화를 위한 구체적 도구를 제공한다.

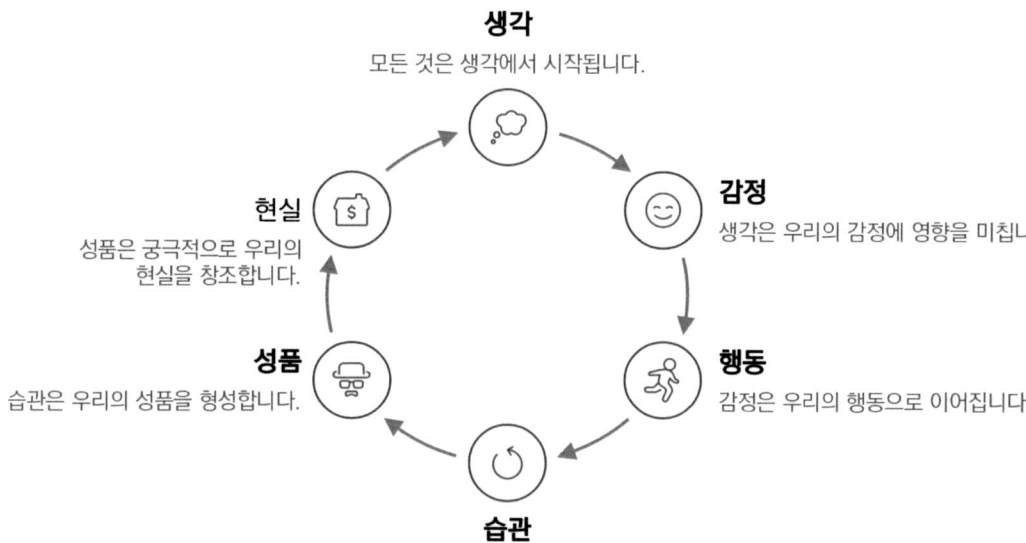

결국, 생각의 힘을 극대화하는 것은 자기 자신을 깊이 이해하고, 이를 바탕으로 목표를 설정하며, 꾸준히 실천해 나가는 것이다. 생각은 우리의 미래를 창조하는 강력한 도구이지만, 이를 제대로 활용하기 위해서는 우리의 내면을 먼저 탐구하고 이해하는 과정이 필요하다. 자기 이해와 성찰을 통해 우리는 생각의 힘을 진정으로 깨닫고, 이를 바탕으로 더 나은 삶을 창조해 나갈 수 있다.

생각의 힘을 믿고 이를 활용하여 우리는 인생의 주인공으로 거듭날 수 있다. 긍정적이고 건설적인 생각은 우리를 성장과 성취의 길로 이끌며, 부정적이고 제한적인 생각은 우리의 잠재력을 가두는 굴레가 된다. 생각의 힘을 이해하고, 이를 의식적으로 활용하는 것은 우리의 인생 항해를 힘차게 이어나가게 하는 원동력이 된다.

이제, 생각의 힘을 받아들이고 진정한 잠재력을 일깨울 준비가 되었는가? 함께 뛰어들어 여러분의 마음이 어디까지 날아갈 수 있을지 발견해보자. 생각은 우리 삶의 주인공이며, 우리의 미래를 창조하는 강력한 힘이기에, 우리는 그 힘을 최대한 활용해야 한다. NLP와 뇌과학의 통찰을 바탕으로, 우리는 자신의 생각을 바꾸고, 삶을 변화시키는 주인공이 될 수 있다.

뇌가소성, 변화무쌍한 뇌의 적응력

생각은 당신의 무한한 잠재력을 깨우는 마법의 열쇠이다. 생각의 힘을 믿고 적극적으로 활용할 때, 우리는 그 어떤 한계도 뛰어넘을 수 있다. 하지만 안타깝게도 많은 사람들이 자신의 부정적인 사고의 틀에 갇혀 삶의 주인공으로 나서지 못하고 있다. 마치 좁은 우리 안에서 평생을 보내는 닭처럼 말이다. 이러한 사고의 굴레에서 벗어나기 위해 우리에게 필요한 것은 바로 신경언어프로그래밍 Neuro-Linguistic Programming, NLP이다.

NLP는 우리의 사고방식과 행동 양식을 결정짓는 신경, 언어, 프로그래밍 간의 역동적 상호작용에 주목한다. 리처드 밴들러와 존 그린더가 탁월한 의사소통 능력을 지닌 사람들의 성공 패턴을 모델링하면서 탄생한 NLP는, 이제 전 세계적으로 자기계발과 성과 향상을 위한 강력한 도구로 자리매김했다. NLP의 6가지 기본 전제는 우리가 어떻게 생각의 힘을 극대화할 수 있는지에 대한 통찰을 제공한다. 지도는 영토가 아니며, 인생에는 실패가 아닌 오직 피드백만이 존재한다는 것, 그리고 우리에겐 필요한 모든 자원이 이미 내재되어 있다는 것 등이 바로 그것이다.

NLP가 주목하는 또 하나의 핵심 요소는 우리 뇌의 놀라운 적응력, 즉 신경가소성 Neuroplasticity이다. 신경가소성이란 새로운 경험과 학습을 통해 뇌의 구조와 기능이 변화할 수 있다는 것을 의미한다. 우리의 생각 또한 뇌에 지대한 영향을 미친다. 곧 생각이 바뀌면 뇌가 바뀌고, 뇌가 바뀌면 우리의 삶이 바뀌는 것이다. 최근 신경과학계에서는 NLP 기법과 신경가소성의 연관성에 대한 활발한 연구가 진행되고 있다. NLP 기법이 새로운 신경 연결망을 형성하고

반복된 생각과 행동	시냅스 강화	신경 회로 재구성	행동 및 능력 변화	장기적 변화
특정 생각이나 행동을 반복하면, 해당 신경 회로가 활성화되며 시냅스, 즉 신경 세포 간의 연결이 강화됩니다.	반복적인 활동은 시냅스 가소성을 촉진하여 신경 세포 간의 연결을 더 강하게 만듭니다. 자주 사용되는 경로는 강화되고, 덜 사용되는 경로는 약화됩니다.	강화된 시냅스는 새로운 신경 회로를 형성하거나 기존 회로를 재구성합니다. 이는 뇌의 기능적 변화뿐만 아니라 구조적 변화도 일으킵니다.	이러한 신경 회로의 변화는 새로운 행동이나 능력을 학습하는 데 기여합니다. 예를 들어, 반복적인 연습은 특정 기술을 습득하게 하고, 지속적인 학습은 새로운 지식을 습득하게 합니다.	반복적인 생각과 행동이 지속되면, 뇌의 구조와 기능이 장기적으로 변화합니다. 이는 새로운 습관이나 성격 변화로 이어질 수 있습니다.

몸과 마음은 하나다

역기능적 사고 패턴을 해체하는 데 기여할 수 있음이 속속 밝혀지고 있는 것이다.

   NLP와 뇌과학의 연결고리를 발견한 것은 우리에게 큰 희망을 준다. 생각의 힘을 일깨우고 스스로를 변화시킬 실질적인 도구를 손에 넣었다는 것을 의미하기 때문이다. 이제 우리는 구체적인 NLP 기법들을 활용하여 생각 습관을 리모델링하고, 성공적인 삶의 로드맵을 그려나갈 수 있다. 물론 여정의 시작은 자기 이해와 내면 성찰에서부터이다. 객관적이고 깊이 있는 자기 분석을 통해 우리는 숨겨진 강점과 잠재력을 발견할 수 있다. 이는 자신감과 동기부여의 원천이 되어줄 것이다.

그렇다고 해서 하루아침에 모든 것이 바뀌리라 기대할 순 없다. 평생에 걸쳐 우리를 지배해온 무의식의 영향력을 한순간에 극복하기란 결코 쉽지 않은 일이기 때문이다. 하지만 포기하지 말아야 한다. 작은 변화의 물결이 모여 거대한 파도가 되듯, 생각의 힘은 점진적이고 지속적으로 우리의 삶을 변화시켜 나갈 것이다. 그 과정에서 실패와 좌절을 겪을 수도 있다. 그러나 실패는 성장의 디딤돌일 뿐이다. 긍정적 자아상을 유지하며 실패를 발판 삼아 다시 전진할 때, 우리는 한층 성숙해질 수 있다.

성공의 여정에서 가장 중요한 것은 학습에 대한 열정이다. 우리는 삶의 모든 순간이 배움의 기회라는 사실을 잊지 말아야 한다. 세상은 끊임없이 변화하고, 그에 따라 우리의 사고방식 또한 유연하게 적응해야 한다. NLP는 이러한 적응력과 유연성을 기르는 데 최적의 도구가 될 것이다. NLP 기술을 활용한 자기 코칭과 내면의 혁신을 통해, 우리는 어떤 역경에도 흔들리지 않는 강인한 성장 마인드를 갖출 수 있다.

세계적인 NLP 트레이너인 수잔 제인 업튼은 "NLP는 당신이 되고 싶은 모습을 설계하고 구축하는 예술"이라고 정의 내렸다. 지금 이 순간부터 생각의 힘을 마음껏 발휘하라. 긍정적이고 희망적인 언어로 자신의 내면과 적극적으로 소통하라. 그리고 창조적 시각화를 통해 원하는 삶의 청사진을 그려보라. 이 모든 것이 현실이 되는 놀라운 경험을 하게 될 것이다.

뇌과학이 밝혀낸 생각의 힘

시각화 기법은 우리가 원하는 미래를 생생하게 그려보게 함으로써 목표에 대한 동기를 강화한다. 예를 들어, 자신이 목표를 달성한 모습을 구체적으로 상상하고, 그로 인해 느끼는 기쁨과 성취감을 마음속에 그려보는 것이다. 이러한 시각화는 실제로 뇌의 신경 회로를 활성화시켜, 우리가 목표를 향해 나아갈 동력을 부여한다.

또한, 앵커링 Anchoring 기법을 활용하면 특정 감정 상태를 강화하고, 이를 특정 행동과 연결 지을 수 있다. 예를 들어, 기쁨이나 자신감을 느꼈던 순간을 떠올리며 그 감정을 손가락을 튕기는 동작과 연결하면, 나중에 손가락을 튕기는 동작만으로도 그 긍정적인 감정을 불러일으킬 수 있다. 이는 중요한 순간에 자신감을 되찾고, 최상의 성과를 이끌어내는 데 큰 도움이 된다.

뿐만 아니라, NLP는 우리의 언어 사용 방식을 변화시킴으로써 사고 방식을 전환하는 데 도움을 준다. 예를 들어, "나는 실패할 거야"라는 부정적인 언어 대신 "나는 성공할 거야"라는 긍정적인 언어를 사용하는 것이 중요하다. 이러한 언어적 전환은 우리의 사고 패턴을 바꾸고, 긍정적인 신념을 강화하는 데 기여한다.

NLP는 또한 우리가 무의식적으로 따르는 제한적 신념을 깨뜨리는 데 도움을 준다. 예를 들어, "나는 충분히 잘할 수 없다"는 신념을 가지고 있다면, NLP 기법을 통해 이 신념을 "나는 충분히 잘할 수 있다"는 긍정적인 신념으로 전환할 수 있다. 이러한 전환은 우리의 무의식적인 행동 패턴을 바꾸고, 더 큰 성취를 이루는 데 중요한 역할을 한다.

최근 신경과학 연구들은 이러한 NLP 기법들이 실제로 뇌에 긍정적인 변화를 가져온다는 것을 입증하고 있다. 예를 들어, 위스콘신 대학교 리처드 데이비슨 박사팀의 연구에 따르면, 단 두 달간의 명상 훈련으로 뇌의 구조와 기능에 유의미한 변화가 나타난다고 한다. 이러한 연구들은 우리가 어떤 생각에 주의를 기울이고 어떤 행동을 반복하느냐에 따라 새로운 신경 회로가 만들어지고 강화될 수 있음을 보여준다.

상상의 현실화

또한, USC 연구팀은 창의적 사고와 관련된 뇌의 변화를 조사한 결과, 창의적 과제 수행 중에는 전두엽과 두정엽 간의 연결성이 높아지는 것을 발견했다. 이는 창의성이 뇌의 특정 부위가 아닌, 여러 영역 간의 활발한 소통의 결과물임을 시사한다. 즉, 창의적 사고를 위해서는 확산적 사고와 수렴적 사고의 조화가 필요하다는 것이다.

이처럼 우리의 내적 경험이 단순한 심리작용을 넘어, 신경세포 수준의 변화로 이어진다는 사실은 매우 놀랍다. 긍정과 희망의 생각은 건강한 뇌를 만드는 반면, 부정과 절망의 생각은 뇌 기능을 저하시킬 수 있다. 따라서 어떤 생각의 씨앗을 뇌에 심느냐는 그 어느 때보다 중요한 선택이다.

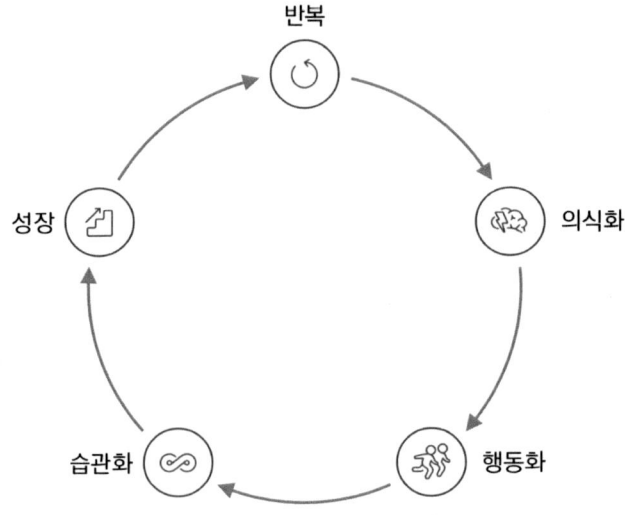

　결국, 우리의 생각은 정서에 직접적인 영향을 미친다. 긍정적 생각은 행복 호르몬인 도파민, 세로토닌, 엔도르핀의 분비를 촉진하여 기분을 좋게 만든다. 반면, 부정적 생각의 반복은 스트레스 호르몬인 코르티솔의 과다 분비를 유발해 우울과 불안을 야기한다. 나아가, 생각은 무의식적 행동 변화로 이어지며, 반복적인 생각과 행동은 우리의 습관과 성격을 형성하고, 이는 궁극적으로 우리의 인생 궤적을 결정짓는다.

　마지막으로, 생각의 힘을 극대화하기 위해서는 긍정적이고 구체적인 목표 설정이 필수적이다. 예를 들어, "나는 건강해지고 싶다"는 막연한 소망 대신, "6개월 내 체중 5kg 감량과 주 3회 이상 운동"과 같이 명확하고 측정 가능한 목표를 세우는 것이다. 이는 뇌에 구체적인 방향성을 제시하여 목표 달성 가능성을 높여준다.

결론적으로, 우리의 생각은 무한한 잠재력을 깨우는 마법의 열쇠이다. 긍정적 사고를 통해 우리는 더 나은 삶을 창조할 수 있다. 신경언어프로그래밍NLP은 이러한 생각의 힘을 실생활에 적용하는 데 매우 유용한 도구이다. 긍정적 사고를 꾸준히 실천하고, NLP 기법을 활용하여 자신의 사고와 행동을 개선해 나갈 때, 우리는 비로소 진정한 삶의 주인공으로 거듭날 수 있다.

NLP와 뇌과학의 환상의 콜라보레이션

신경언어프로그래밍 NLP과 뇌과학의 환상적인 만남은 우리에게 무한한 가능성의 세계로 향하는 문을 활짝 열어준다. 최근 연구에 따르면 물리적인 뇌와 무형의 정신 사이에는 복잡하고 정교한 관계가 있으며, 이는 뇌의 구조 자체에 내재되어 있다고 한다. 운동, 인지, 무의식적 신체 기능을 통합하는 이 실질적인 네트워크는 우리의 생각과 감정이 뇌의 운동 영역에 어떻게 영향을 미치는지를 이해하는 데 중요한 단서를 제공한다.

NLP의 진정한 마법은 뇌의 신경가소성을 활용하는 데 있다. 뇌는 놀라울 정도로 유연하고 적응력이 뛰어나 스스로를 재구성할 수 있는 능력이 있다. 우리는 긍정적 확언, 시각화, 내용 재구성 등 특정 NLP 기법을 사용하여 사고방식과 행동을 변화시킬 수 있다. 마치 신경 경로를 개조하는 도구 상자를 가진 것처럼, 부정적인 생각을 긍정적 확언으로 대체하고, 성공을 시각화하며, 도전을 기회로 재구성할 수 있다. 이러한 기술을 연습하면서 우리는 뇌에 새로운 연결을 강화하고, 문자 그대로 성공과 행복을 위해 뇌를 재배선한다.

언어의 신경과학도 이 과정에서 중요한 역할을 한다. 자연어 처리 NLP는 언어와 신경학 사이의 깊은 연관성을 활용하여 우리의 생각과 감정에 영향을 미친다. 숙련된 시인이 적절한 단어로 강력한 감정을 불러일으킬 수 있는 것처럼, NLP는 우리가 더 긍정적인 내적 대화를 만들어낼 수 있도록 도와준다. 언어가 우리의 인식을 형성하는 방식을 이해함으로써, 우리를 고양시키고 영감을 주는 단어를 의식적으로 선택할 수 있으며, 이는 우리 삶 전반에 파문을 일으킨다.

NLP는 단순히 개인의 성장에 국한되지 않는다. 의학이나 로봇공학 같은 분야에 혁명을 일으킬 잠재력을 지니고 있다. 방대한 양의 비정형 의료 데이터에서 통찰력을 신속하게 얻어 조기 진단과 맞춤 치료로 이어지는 상황을 상상해 보라. 또는 인간처럼 서로 배우고 소통하는 AI 시스템을 통해 협업과 혁신의 새로운 가능성이 열리는 모습을 그려보라.

우리는 이 흥미진진한 새 시대의 문턱에 서 있다. NLP와 뇌과학의 통합이 우리 뇌의 잠재력을 깨우는 열쇠를 쥐고 있음이 분명하다. 신경가소성의 힘을 활용하여 우리의 마음, 삶, 그리고 우리를 둘러싼 세상까지 변화시킬 수 있다. 나는 여러분 모두를 이 믿을 수 없을 만큼 멋진 자기 발견과 성장의 여정에 초대한다. 함께 NLP와 뇌과학의 환상적인 협업을 탐구하고, 우리 각자 내면에 숨겨진 비범한 잠재력의 자물쇠를 열어보자.

우리는 종종 자신의 생각과 두려움에 갇혀 살아간다. NLP와 뇌과학은 이런 세상에서 희망의 등불과도 같다. 닭장 속 닭처럼, 우리는 유전자와 무의식, 자의식이라는 울타리에 갇혀 있다고 믿는다. 하지만 토니 로빈스가 자신의 정신적 장벽을 깨부순 것처럼, 우리에게도 날개를 펼쳐 새로운 높이로 날아오를 힘이 있다.

모든 것은 단 하나의 생각에서 시작된다. 평범한 생각만 하는 사람은 결코 진정한 자유를 얻을 수 없다. 평범함이라는 닭장에서 벗어나고 싶다면, 다르게 생각할 용기를 가져야 한다. 현상 유지에 도전하고, 사회나 우리 자신의 마음이 부과하는 한계를 받아들이는 것을 거부해야 한다. 모두가 똑같이 생각한다는 것은 평범한 생각을 한다는 뜻이며, 평범한 생각은 평범한 결과로 이어진다.

그렇다면 우리는 어떻게 무의식의 중력에서 벗어날 수 있을까? 누군가 우리에게 자유를 얻을 수 있다고 말해 주어도, 무의식은

"나는 할 수 없어"라며 방어 기제를 펼친다. 그것은 변화에 대한 의식적 욕구와 우리를 옭아매는 보이지 않는 힘 사이의 싸움이다.

사실 인간은 자유의지가 있고 특별한 존재라는 환상 속에 살아간다. 하지만 이는 모두 망상일 뿐이다. 오랜 세월 조건화와 경험으로 형성된 무의식이 무대 뒤에서 줄을 조종하고 있다. 그것은 하룻밤 사이에 이성적으로 변할 수 없다.

바로 여기에서 NLP의 힘이 빛을 발한다. 긍정적 확언, 시각화, 내용 재구성 등의 기술을 활용하면 점진적으로 뇌를 재배선할 수 있다. 우리의 목표와 꿈을 뒷받침하는 새로운 신경 경로를 구축하는 것이다. 마치 정원에 씨앗을 심는 것처럼, 꾸준한 보살핌과 관심으로 그 씨앗은 싹을 틔우고 장엄한 식물로 자라날 것이다.

하지만 개인의 변화를 향한 여정은 마음이 약한 사람들을 위한 것이 아니다. 그것은 용기와 결단력, 그리고 안전지대 밖으로 나갈 의지를 필요로 한다. 우리는 두려움과 맞서고, 우리를 제한하는 신념에 도전하며, 꿈을 향해 대담한 행동을 취할 준비가 되어 있어야 한다.

이 영웅적인 탐험을 떠나면서, 우리는 넘어지고 쓰러질 수도 있다. 우리의 의지를 시험하는 역경과 도전에 직면할 수도 있다. 하지만 NLP의 도구와 뇌과학의 통찰력을 곁에 두고, 우리는 이전보다 더 강하고 현명하게 다시 일어설 힘을 가지고 있다.

함께 평범한 생각의 울타리에서 벗어나 새로운 높이로 날아오르자. NLP와 뇌과학의 환상적인 협업을 활용하여 우리 뇌의 잠재력을 깨우치고, 우리가 진정으로 원하는 삶을 만들어 보자.

자유를 얻을 힘은 여러분 안에 있음을 명심하라. 여러분은 반드시 자유를 얻어내야 한다. 오직 남은 질문은 오늘 그 첫걸음을 내딛겠냐는 것이다. 다르게 생각하고, 현상 유지에 도전하며, 여러분만의 비범한 운명의 건축가가 될 용기가 있는가?

선택은 여러분의 몫이다. 정신적 자유의 열쇠는 여러분 손 안에 있다. 그것을 잡아라. 그리고 상상조차 할 수 없었던 삶으로 통하는 문을 열어라. 토니 로빈스의 말처럼 "당신이 미칠 수 있는 영향력의 한계는 오직 당신의 상상력과 헌신뿐이다." 그러니 무엇이든 가능한 세상을 상상해 보자. 그리고 한 번에 하나의 생각씩, 그 세상을 현실로 만들겠다고 다짐하자.

4장

생각으로 써내려가는 성공 로드맵

목표는 당신의 생각에서 시작된다

목표는 생각에서 시작된다. 성공의 지도를 펼치기 전에 우리는 먼저 내면의 나침반을 찾아야 한다. 그 나침반이 바로 우리의 가치관이다. 가치관은 삶의 방향을 결정하는 근원적 힘이다. 목표가 우리를 특정 방향으로 이끈다면, 가치관은 그 방향을 선택하게 하는 이정표와 같다.

우리는 때로 세상의 기준에 휩쓸려 정작 소중한 것을 놓치곤 한다. 화려한 성공의 이면에 공허함이 도사리는 이유다. 진정 의미 있는 목표란 자신이 가장 중요하게 여기는 가치와 맞닿아 있어야 한다. 가족, 건강, 성장, 자유 등 각자가 추구하는 가치는 다양하지만, 그것이 목표의 뿌리가 되어야 한다는 점은 분명하다.

가치관에 기반한 목표는 우리에게 강력한 동기를 부여한다. 의미 있는 목표를 생각하는 것만으로도 가슴이 뛰는 이유다. 단순히 주어진 목표가 아닌 내 가치를 담은 목표라면 어떤 역경이 와도 꿋꿋이 나아갈 수 있다. 가치관은 우리에게 끊임없는 에너지를 선사하는 샘과 같기 때문이다.

기업에서도 구성원 개개인의 가치관을 존중하는 문화를 만드는 것이 중요하다. 가치관이 존중받는 환경에서 사람들은 자발적으로 몰입하게 되고, 이는 곧 성과로 이어진다. 조직의 비전과 개인의 가치관이 연결될 때 시너지는 배가 된다. 열정과 재능에 불을 지필 수 있는 분위기야말로 가치 기반 조직문화의 핵심이다.

물론 가치관과 목표의 일치는 결코 쉬운 일이 아니다. 현실의 벽에 부딪힐 때도 많다. 하지만 내면의 가치를 포기하는 순간, 우리는 삶의 방향을 잃게 된다. 진정한 성취란 겉으로 드러나는 화려함이 아니라 자신이 믿는 바를 향해 나아가는 용기에서 비롯되는 것이다.

때로는 세상의 잣대에 휩쓸려 길을 잃을 때가 있다. 그럴 때마다 내면의 목소리에 귀를 기울여보자. 나에게 정말 소중한 것이 무엇인지, 가장 간절히 원하는 것이 무엇인지 묻는 시간을 갖는 것이다. 가치관은 그렇게 우리를 다시 근본으로 이끌어준다.

가치관이 삶의 플로우차트라면, 목표는 그 안에서 그려지는 구체적인 설계도라 할 수 있다. 우리는 목표를 통해 가치관을 현실로 구현해 나간다. 생각과 행동이 하나로 합쳐지는 지점, 그것이 바로 목표다. 그러나 그 시작은 언제나 내면을 응시하는 일, 가치관을 재점검하는 일이 되어야 한다.

자, 이제 종이를 펼쳐 당신의 가치관 목록을 적어보자. 그리고 그중 가장 소중한 세 가지를 골라보자. 그것이 바로 당신 인생의 나침반이 될 것이다. 그 나침반을 바탕으로, 당신의 가슴을 뛰게 할 의미 있는 목표를 세워보자. 기술적으로는 Specific(구체적), Measurable(측정 가능한), Attainable(달성 가능한), Realistic(현실적인), Time-bound(기한이 정해진) 요건을 충족하되, 내용적으로는 당신의 가치관이 깃들어 있는 그런 목표 말이다.

당신의 가치관과 목표는 평생 함께 갈 동반자와 같다. 외부 상황이 어떻게 변하든, 내면의 가치는 변치 않는 법이다. 그렇기에 우리는 때로 세상의 기준에서 한발 물러서서 내면을 들여다봐야 한다. 그 고요한 성찰의 시간이 지나면, 우리는 다시 단단해진 마음으로 목표를 향해 나아갈 수 있다.

성공이란 결국 자신만의 이정표를 따라 걸어가는 과정 자체에 있는 것 아닐까. 그 과정에는 반드시 가치관과 목표의 끊임없는 조율이 필요하다. 때로는 가치관이 목표를 압도할 때도 있고, 때로는 목표에 밀려 가치관을 잊을 때도 있다. 하지만 그럴수록 우리는 원점으로 돌아가 근본을 묻는 용기를 가져야 한다. 그것이 어쩌면 인생에서 가장 어려운 일이면서도 가장 값진 일이 될 것이다.

가치관과 목표의 균형을 잡는 것. 겉으로 보이는 화려한 성취를 쫓기보다 내면의 울림에 충실하는 것. 그것이 진정한 성공의 길이라 믿는다. 가치관은 우리가 선택한 인생의 테마요, 목표는 그 테마를 펼쳐내는 구체적 플롯이다. 그 둘의 아름다운 조화 속에서 우리는 바로 '나다운' 삶을 살아갈 수 있다.

무엇보다 이 여정에는 정해진 길이 없다. 스스로 나침반을 들고 나아가는 모험이라 할 수 있다. 가끔은 방황도 하고 좌절도 할 것이다. 그러나 내면의 가치를 든든한 지팡이 삼아 나아간다면, 분명 언젠가는 우리만의 정상에 설 수 있으리라. 설령 남들이 알아주지 않는 정상이라도, 스스로 자랑스러워할 수 있는 그 자리에 말이다.

NLP로 디자인하는 성공 목표

우리는 누구나 성공을 꿈꾼다. 그러나 단순히 꿈꾸는 것만으로는 성공의 문을 열 수 없다. 성공의 열쇠를 쥐려면 생각의 힘을 제대로 이해하고, 그 힘을 올바른 방향으로 활용할 줄 알아야 한다. 이는 마치 정원사가 자신의 정원을 가꾸는 것과 같다. 품종 선택부터 토양 관리, 전정과 물주기에 이르기까지 세심한 정성과 노력이 필요하다. 마찬가지로 우리의 생각도 꾸준히 관리하고 다듬어야 비로소 아름다운 열매를 맺을 수 있다.

생각을 관리하고 디자인하는 데 있어 가장 효과적인 도구 중 하나가 바로 신경언어프로그래밍 NLP이다. NLP는 우리의 생각과 언어, 행동 패턴 사이의 역동적인 상호작용에 주목한다. 이를 체계적으로 분석하고 조정함으로써 우리는 더 나은 삶의 결과를 만들어 낼 수 있다. NLP의 창시자인 리처드 밴들러 Richard Bandler는 "당신이 갖고 있는 가장 중요한 도구는 당신의 마음이다. NLP는 그 도구를 가장 효과적으로 사용하는 방법을 가르쳐준다"라고 말했다.

특히 NLP는 목표 설정과 동기부여 측면에서 매우 강력한 기술을 제공한다. 인생의 나침반과도 같은 목표를 올바르게 설정하는 것은 성공의 핵심 요소이다. 그러나 많은 사람이 구체성이나 현실성이 부족한 모호한 목표를 세우곤 한다. NLP는 이러한 문제를 해결하는 데 도움을 준다. NLP 전문가 수잔 제프리 Susan Jeffers는 "구체적이고 긍정적인 용어로 목표를 설정하라. 그리고 그 목표를 매일 되새기며 생생하게 상상하라. 당신의 무의식은 그 목표를 현실로 만들기 위해 필요한 자원을 동원할 것이다"라고 조언했다.

목표 설정에서 가장 중요한 것은 자신의 핵심 가치와 부합하는 목표를 세우는 일이다. 이는 단순히 성취감을 넘어 삶의 진정한 의미와 만족을 가져다준다. 일단 명확한 목표가 설정되면, 그 목표를 구체적이고 측정 가능하며 달성 가능한 하위 목표들로 세분화해야 한다. 이를 통해 우리는 성공에 이르는 로드맵을 만들 수 있다. 목표 달성의 과정을 생생하게 시각화하는 것도 큰 도움이 된다. 이는 잠재의식 차원에서 강력한 동기부여 효과를 발휘하기 때문이다.

성공적인 목표 달성을 위해서는 생각의 힘을 적극 활용해야 한다. 긍정적이고 건설적인 사고방식을 유지하는 것이 중요하다. 부정적인 생각은 우리의 잠재력을 제한하고 동기를 떨어뜨리기 때문이다. NLP에서는 부정적 생각을 긍정적 에너지로 전환하는 다양한 기술을 제공한다. 예를 들어, 실패나 좌절을 경험할 때마다 "이 상황에서 내가 배울 수 있는 교훈은 무엇일까?"라고 자문해 보는 것이다. 이런 식으로 관점을 전환하면 역경도 성장의 기회로 삼을 수 있다.

사고방식의 전환은 하루아침에 이루어지지 않는다. 꾸준한 연습과 노력이 필요하다. 매일 자신의 생각을 관찰하고 의식적으로 긍정적인 방향으로 이끄는 습관을 들이는 것이 도움된다. 긍정적 확언 affirmation 을 활용하는 것도 좋은 방법이다. 매일 아침 거울을 보며 "나는 할 수 있다", "나는 충분히 가치 있는 존재다"와 같은 긍정적인 메시지를 되뇌어 보라. 처음에는 어색할 수 있지만 차츰 자신감과 희망을 느끼게 될 것이다.

우리가 품는 생각은 우리가 만들어갈 현실의 밑그림이 된다. 따라서 성공을 원한다면 성공을 향한 생각의 씨앗을 마음에 심고 꾸준히 가꾸어야 한다. 긍정 심리학의 창시자 마틴 셀리그만 Martin Seligman 박사는 "우리는 자신이 어떤 사람이 될 것인지 선택할 수 있다. 낙관주의자가 될 것인지, 비관주의자가 될 것인지는 전적으로 우리 마음의 방향타를 어디로 돌리느냐에 달려 있다"라고 말했다.

목표설계

생각의 힘을 이해하고 NLP 기술을 활용하여 성공적인 목표를 설계하는 것. 이것이 바로 우리가 성취하고자 하는 인생의 청사진을 그려나가는 출발점이다. 로버트 프로스트의 시구처럼 "가지 않은 길"을 택하는 용기. 그 길을 밝혀줄 지도와 나침반은 다름 아닌 우리의 생각이다. 당신이 어떤 생각의 지도를 그려나갈지 주목하라. 생각이 달라지면 행동이 달라지고, 행동이 달라지면 습관이 달라지며, 습관이 달라지면 인생이 달라진다. 바로 지금 이 순간부터 당신의 생각을 디자인해보라. 그것이 곧 당신의 운명을 디자인하는 일이 될 것이다.

인생의 항해에서 우리는 종종 암초와 풍랑을 만나게 된다. 순탄치 않은 항로에서 좌초하지 않으려면 확고한 목표와 불굴의 의지가 필요하다. NLP는 우리에게 그 힘을 실어준다. 자기 이해와 내면 성찰을 통해 잠재력을 깨우고, 강점은 살리고 약점은 보완하며, 끊임없는 배움과 도전을 통해 성장해 나가는 법을 가르쳐준다.

가장 중요한 것은 자신을 믿고 한 걸음 한 걸음 나아가는 일이다. 월트 디즈니의 말처럼 "모든 꿈은 이루어질 수 있다. 그 꿈을 이루기 위한 용기가 있다면 말이다." 생각의 힘을 믿고, 성공적인 목표를 설계하고, 끊임없이 전진하는 용기를 가진 사람들은 결국 꿈을 현실로 만든다. NLP는 우리 안에 숨어있는 놀라운 잠재력을 일깨워 그 위대한 여정을 떠날 수 있게 해준다. 지금 바로 당신만의 성공 스토리를 써 내려가기 시작하라.

SMART하게 목표 세우기

NLP는 마법의 지팡이와도 같다. NLP는 생각과 감정, 행동을 목표에 맞춰 조율함으로써 마음을 재프로그래밍하고 한계 믿음을 제거할 수 있는 도구와 기술들의 집합체이다. 이를 통해 우리는 원하는 삶을 만들 수 있다. SMART 원칙의 각 요소와 NLP를 적용하면 마법을 체험할 수 있다.

1. 구체적인 목표, 명확성의 힘

SMART 목표를 세우는 첫 단계는 구체적으로 만드는 것이다. "성공하고 싶다", "행복해지고 싶다"와 같은 모호한 목표는 지도 없이 길을 찾아가는 것과 같다. NLP는 목표가 구체적이고 명확할수록 달성 가능성이 높아진다고 가르친다. 구체적인 목표가 있으면,

구체적인 목표 세우기

- 정확히 무엇을 이루고 싶은가?
- 나에게 성공이란 무엇인가?
- 목표에 도달하기 위해 어떤 구체적인 행동을 취해야 하는가?

마음이 레이저처럼 그것에 집중할 수 있고 모든 에너지와 자원을 목표에 쏟아부을 수 있다.

예를 들어 "체중을 줄이고 싶다"는 말 대신 "앞으로 6개월 동안 하루 30분씩 운동하고 균형 잡힌 식단을 통해 20kg을 감량하겠다"라고 구체적으로 목표를 세울 수 있다.

2. 측정 가능한 목표, 진척 상황 추적하기

SMART 원칙의 두 번째 요소는 측정 가능성이다. 측정 가능한 목표란 추적하고 정량화할 수 있어서 진척 상황을 확인할 수 있는 목표를 말한다. NLP는 측정되는 것은 관리된다고 말한다. 측정 가능한 목표가 있으면 더 작은 이정표로 나누어 달성 과정을 추적할

목표를 측정 가능하게 만들기

- 언제 내가 목표를 달성했다고 알 수 있을까?
- 진척도를 추적하기 위해 어떤 지표를 활용할 수 있을까?
- 성취를 축하하기 위해 중간에 어떤 이정표를 세울 수 있을까?

수 있다. 이는 동기부여를 유지하고 책임감을 갖게 해주며, 목표에 가까워지고 있다는 성취감을 선사한다.

예를 들어 책을 쓰는 것이 목표라면, 하루에 1,000자씩 쓰는 것을 목표로 정하고 매일 글자 수를 체크할 수 있다. 초고 완성, 원고 교정, 출판 등의 이정표를 세워두는 것도 좋은 방법이다.

3. 달성 가능한 목표, 한계에 도전하기

SMART 원칙의 세 번째 요소는 달성 가능성이다. 달성 가능한 목표란 현재의 자원과 제약 조건 안에서 현실적이고 이룰 수 있는 목표를 뜻한다. NLP는 우리의 신념과 기대가 현실을 만든다고 강

목표를 달성 가능하게 만들기

- 이 목표를 이루기 위한 기술, 지식, 자원을 갖추고 있는가?
- 과정에서 맞닥뜨릴 수 있는 어려움은 무엇이며 어떻게 극복할 수 있을까?
- 이 목표를 현실화하기 위해 어떤 지원이나 자원이 더 필요할까

조한다. 목표가 달성 가능하다고 믿으면, 행동으로 옮기고 난관 앞에서도 끝까지 밀어붙일 가능성이 높아진다.

달성 가능한 목표는 도전 의식을 북돋우면서도 압도당하지 않을 만한 수준의 목표, 즉 영감을 주면서도 동기부여가 가능한 정도의 목표를 찾는 것이 중요하다.

4. 관련성 있는 목표, 가치관과 조율하기

SMART 원칙의 네 번째 요소는 관련성이다. 관련성 있는 목표란 개인의 가치관, 우선순위, 장기적 비전과 일치하는 목표를 말한다. NLP는 우리의 가치관이 결정과 행동을 이끄는 나침반과 같은 역할을 한다고 강조한다. 가치관에 부합하는 목표를 추구할 때는 비록

목표를 관련성 있게 만들기

- 이 목표가 나에게 왜 중요한가?
- 이 목표가 나의 가치관, 인생의 장기적 비전과 어떻게 연결되는가?
- 이 목표를 이루면 나와 내 주변 사람들에게 어떤 의미가 있을까?

과정이 힘들더라도 목적의식과 성취감을 느낄 수 있다.

가치관과 부합하는 목표를 세움으로써, 당신에게 진정 중요한 무언가를 추구하고 성취감과 만족감을 얻을 수 있다.

5. 기한이 정해진 목표, 긴박감 조성하기

SMART 원칙의 마지막 요소는 기한이 정해진 것이다. 기한이 정해진 목표는 완료를 위한 구체적인 마감일이나 시간 범위가 있는 목표를 뜻한다. NLP는 마감일이 긴박감과 동기를 유발한다고 강조한다. 목표 달성을 위한 특정 날짜가 정해져 있으면, 행동에 나설

> ### 목표에 기한을 정하기
>
> - 언제까지 이 목표를 달성하고 싶은가?
> - 현재의 자원과 제약 조건을 고려할 때 완료까지 얼마나 걸릴 것인가?
> - 일정한 속도로 나아가고 있음을 확인하기 위해 중간에 어떤 이정표를 세울 수 있을까?

가능성과 해야 할 일에 대한 집중력이 높아진다.

기한이 정해진 목표는 집중력과 동기를 유지할 수 있는 긴박감과 책임감을 불어넣어준다.

종합하기: SMART 목표와 NLP의 힘

SMART 원칙과 NLP의 힘을 결합하면, 원하는 목표를 달성하고 꿈꾸는 삶을 만들어내는 강력한 조합이 탄생한다. NLP는 마음을 재프로그래밍하고 한계 믿음을 제거하며, SMART 원칙은 목표 설정과 달성을 위한 구조와 로드맵을 제공한다.

이 두 가지 강력한 도구를 함께 활용하면 그 누구도 당신을 막을 수 없다. 어떤 장애물도 극복할 수 있고, 어떤 꿈도 이룰 수 있으며, 진정 원하는 삶을 창조해낼 수 있다. 오늘부터 SMART 목표를 세우고 NLP의 힘을 빌려 그 목표를 달성해나가라. 당신 자신이 스스로에게 정한 한계만이 유일한 제약이다. 올바른 마음가짐과 도구를 갖추고 있다면, 당신은 무한한 잠재력을 발휘하여 꿈꾸는 삶을 만들어낼 수 있다.

무한한 잠재력

목표가 현실이 되는 마법의 실행력

기술을 통해 인간관계를 개선하고, 리더십을 강화하는 데도 유용하다. 사람들과의 효과적인 소통은 성공적인 목표 달성의 중요한 요소다. NLP는 상대방의 감정과 욕구를 이해하고, 공감하며, 긍정적인 영향을 미칠 수 있는 능력을 키워준다. 이는 개인의 성장뿐만 아니라 조직의 성과 향상에도 큰 기여를 한다.

NLP와 SMART 목표의 조화

목표를 구체적으로 설정하고 이를 실행에 옮기는 데 있어 NLP와 SMART 원칙을 결합하면 더욱 강력한 효과를 발휘할 수 있다. NLP의 다양한 기법을 통해 목표 달성의 과정에서 발생하는 심리적 장애물을 극복하고, 긍정적인 사고방식을 유지할 수 있다. 이를 통해 목표 달성의 가능성을 극대화할 수 있다.

실행의 힘을 믿고 나아가라

NLP는 생각과 감정, 행동을 조율하여 우리의 목표를 향해 나아갈 수 있게 돕는다. 실행이야말로 목표를 현실로 만드는 진정한 마법이다. 토니 로빈스가 NLP를 배워 성공한 것처럼, 우리도 작은 단계로 목표를 쪼개어 실행해 나가면, 불가능해 보이던 일도 가능해질 수 있다. 마이크로 마일스톤을 설정하고 이를 하나씩 정복해 가는 과정에서 우리는 성장하고, 결국 꿈을 현실로 만들 수 있다.

시각화의 힘을 활용하라

목표 달성을 위한 또 다른 강력한 도구는 시각화이다. 시각화는 우리 뇌를 성공 모드로 프로그래밍하는 멘탈 리허설이다. 목표 달성의 순간을 생생하게 떠올리며 그에 필요한 뇌 회로를 강화할 수 있다. 비전보드나 가이드 시각화를 활용하여 목표의식을 고취시키고 동기부여를 높이는 것이 좋다. 예상치 못한 장애물을 미리 생각해 보고, 이를 극복하는 대안을 마련하는 것도 시각화의 중요한 부분이다.

긍정적인 프레임으로 사고를 전환하라

목표 달성의 과정에서 맞닥뜨릴 수 있는 장애물을 극복하기 위해 NLP의 기법을 활용하자. 제한적 신념을 긍정적으로 전환하고, 자기 효능감을 기르며, 내적 자원을 극대화하는 것이 중요하다. "나

에베레스트

는 할 수 없다"는 부정적 사고를 "이것은 성장의 기회다"라는 긍정적 사고로 전환하면, 문제를 대하는 자세와 해결 능력이 크게 향상된다.

작은 성취를 축하하고 희망을 유지하라

작은 성취를 이뤄낼 때마다 스스로를 격려하고 보상하라. 느리더라도 꾸준히 앞으로 나아가면 반드시 목표에 도달할 수 있다. 과정 중에 계획을 수정하고 전략을 변경하는 것은 자연스러운 일이다. 변화를 두려워하지 말고 유연하게 적응해 나가라.

마지막으로, 자신을 믿고 한 걸음 한 걸음 나아가라

월트 디즈니의 말처럼 "모든 꿈은 이루어질 수 있다. 그 꿈을 이루기 위한 용기가 있다면 말이다." 생각의 힘을 믿고, 성공적인 목

바이올리니스트

표를 설계하고, 끊임없이 전진하는 용기를 가진 사람들은 결국 꿈을 현실로 만든다. NLP는 우리 안에 숨어있는 놀라운 잠재력을 일깨워 그 위대한 여정을 떠날 수 있게 해준다. 지금 바로 당신만의 성공 스토리를 써 내려가기 시작하라. 생각을 바꾸면 인생이 바뀐다. 그 경이로운 변화의 순간을 목격하게 될 것이다. 작은 승리를 축하하며 희망을 잃지 않는다면, 반드시 꿈을 현실로 만들 수 있을 것이다.

내면의 GPS, 생각으로 길을 찾다

인간은 자신에게 자유의지가 있고 특별한 존재라고 착각하며 살아가지만, 이는 모두 환상에 불과하다. 우리를 가두는 보이지 않는 울타리들이 곳곳에 도사리고 있기 때문이다. 유전자, 무의식, 자의식으로 이루어진 이 울타리들은 마치 가축을 통제하듯 우리의 삶을 지배한다.

그렇다면 이 굴레에서 벗어나 진정한 자유와 성공을 쟁취하는 방법은 무엇일까? 바로 생각의 전환에 있다. 평범하고 안일한 사고방식을 고수하는 한 결코 변화와 성장을 이룰 수 없다. 위대한 사상가 제임스 앨런은 "사람은 생각하는 대로 된다"라고 말했다. 우리가 어떤 생각의 틀에 갇혀 있느냐에 따라 인생의 질과 방향이 결정되는 것이다.

하지만 안타깝게도 무의식의 영향력은 이성적 사고로 간단히 극복할 수 없다. 누군가 "당신은 충분히 잠재력이 있어요. 얼마든지 해낼 수 있을 거예요"라고 격려한다 해도, 내면의 목소리는 "아니, 난 안 돼. 역부족이야"라며 부정적으로 속삭이곤 한다. 이처럼 무의식은 우리 삶의 주인공인 척하지만, 실상은 성장과 변화를 가로막는 걸림돌인 셈이다.

이런 내면의 장벽을 허무는 열쇠는 바로 '생각 관리'에 있다. 마치 항해사가 나침반을 주시하며 목적지를 향해 나아가듯, 우리도 생각이라는 나침반을 따라 원하는 삶을 설계해 나가야 한다. 그러기 위해서는 무엇보다 분명한 목표 설정이 선행되어야 한다. 구체적이고 측정 가능하며 달성 가능한 목표, 이른바 SMART 목표 말이다. 목표가 구체적일수록 생각을 집중하기 용이하고 실천으로 옮기기 수월해진다.

목표를 세웠다면 이제 마음의 GPS를 목표 좌표에 고정할 차례다. 원하는 결과를 선명하게 그려보라. 둘러싼 환경과 감각, 감정까지 구체적으로 상상하다 보면 어느새 그곳에 있는 듯한 생생함을 느낄 수 있을 것이다. 또한 목표를 향해 나아가는 자신의 모습을 자주 떠올리라. 말과 행동, 습관까지 어우러진 이미지를 반복해서 그리다 보면 무의식에 강력한 암시를 심어줄 수 있다.

긍정적 확언도 빼놓을 수 없는 방법이다. "나는 충분한 역량을 갖추고 있다", "노력한 만큼 성취할 수 있다"와 같은 긍정적 메시지를 되뇌어 보라. 처음에는 어색하고 허황된 느낌이 들 수도 있다. 하지만 꾸준히 반복하다 보면 어느새 무의식에 스며들어 자신감과 동기부여의 원천이 될 것이다. 세계적인 성공학 강사 나폴레온 힐은 "반복은 설득의 어머니"라고 강조했다.

스스로에 대한 확신을 굳히는 동시에, 목표를 향한 여정도 현명하게 설계해야 한다. 거창한 목표일수록 압도될 때가 많은데, 이럴 땐 하위 단계로 쪼개어 실행 계획을 세워보는 게 도움된다. 핵심 행동을 파악하고 수행에 필요한 기술과 자원, 시간을 꼼꼼히 점검하라. 마치 내비게이션이 경로를 안내하듯, 단계별 이정표를 따라 차근차근 나아간다면 어느새 정상에 우뚝 서 있는 자신을 발견할 수 있을 것이다.

물론 생각의 올바른 방향을 설정하고 유지하는 일은 쉽지 않은 과제이다. 일상의 유혹과 낡은 사고방식이 수시로 길을 방해하기 때문이다. 때로는 새로운 길을 내어 헤쳐 나가는 도전정신도 요구된다. 토머스 에디슨은 "기회는 준비된 자에게 찾아온다"라고 역설했다. 불가능해 보이는 꿈에 도전했던 그의 신념처럼, 우리도 열린 마음과 배움의 자세로 새로운 가능성에 눈뜨는 연습이 필요하다.

정신을 바짝 차리고 고요히 자신을 들여다보는 시간도 반드시 가져야 한다. 명상이나 성찰 일지 작성 같은 활동은 내면의 소리와 귀 기울이고 통찰을 얻는 데 도움을 준다. 마음을 평화롭게 다스리고 직관에 따르는 연습을 통해 내면의 GPS와 동행할 수 있는 길이 열릴 것이다.

외부의 조언과 자극도 필수적이다. 멘토의 가르침에서 영감을 얻거나 역할 모델의 행동을 모방해 보는 것도 생각의 지평을 넓히는 훌륭한 방편이 될 수 있다. 하버드대 심리학과 엘렌 랭어 교수는 "타인에 대한 열린 마음이 곧 마음 성장의 거름"이라고 강조했다. 주변 사람들의 다양한 견해와 경험에서 배우려는 겸손한 자세를 견지할 때 비로소 창의적 사고가 꽃필 수 있다.

무엇보다 생각 관리의 핵심은 지속적인 실천에 있다. 위대한 사상가 에머슨은 "생각한 대로 행동하지 않으면 곧 행동한 대로 생각하게 된다"라고 일갈했다. 아무리 바람직한 사고방식이라도 행동으로 뒷받침되지 않으면 무용지물이다. 작은 실천을 반복하는 훈련을 통해 생각과 행동이 하나 되는 경지에 이르러야 한다.

이 모든 과정을 관통하는 키워드는 바로 '자기 성찰'이다. 생각의 주인으로 우뚝 서기 위해서는 자신의 내면 깊숙이 들여다보고 끊임없이 대화를 나누어야 한다. 독일의 철학자 하이데거는 "가장 깊고 근원적인 사유는 자기 자신에 대한 성찰"이라고 역설했다. 무의식에 스며든 오래된 생각의 틀을 관찰하고, 그것이 삶에 어떤 영향을 미치는지 탐색하는 일. 진정한 자아의 가치관과 욕구를 직시하는 일. 생각과 마주하는 고독한 시간을 통해 우리는 비로소 자유와 성장의 길로 나아갈 수 있다.

오랜 투쟁 끝에 무의식의 벽을 허물고 생각의 주인이 된 사람들이 있다. 세계적인 골프 선수 타이거 우즈는 어린 시절 가난과 편견이라는 역경 속에서도 골프에 대한 열정 하나로 꿈을 향해 돌진했다. "할 수 있다"는 믿음과 강한 집중력으로 무장한 그의 정신은 그를 골프 역사상 가장 위대한 선수로 만들었다.

또 다른 영웅인 닉 부이치치는 선천적 장애에도 불구하고 희망의 메시지를 전하는 세계적 강연자로 활약하고 있다. "내 인생의 가장 큰 장애물은 내 귀 사이 15cm 지점에 있었다"라고 고백한 그는, 자신의 처지를 한탄하던 마음을 감사하는 마음으로 바꾸는 기적을 선보였다.

그렇다. 우리 모두는 생각의 감옥에 갇힌 죄수이자 동시에 탈출구를 찾아 나서는 탐험가다. 그 여정에는 시련과 좌절이 뒤따를지 모른다. 하지만 포기하지 않고 믿음을 견지한다면, 반드시 내면의 장벽을 뛰어넘는 날이 올 것이다.

미국의 시인 월트 휘트먼은 "길은 당신의 발 안에 있다"라고 노래

했다. 생각의 지평을 넓히고 꿈을 향해 전진할 용기만 있다면, 그 어떤 한계도 극복할 수 있다. 자유와 성장, 그리고 성공으로 향하는 길은 이미 우리 안에 준비되어 있다.

 이제 당신의 내면 GPS에 귀 기울여 보라. 생각의 나침반을 든든히 붙잡고 앞으로 나아가는 것이다. 그 길 위에서 진정한 자신을 만나게 될 것이다.

생각의 길

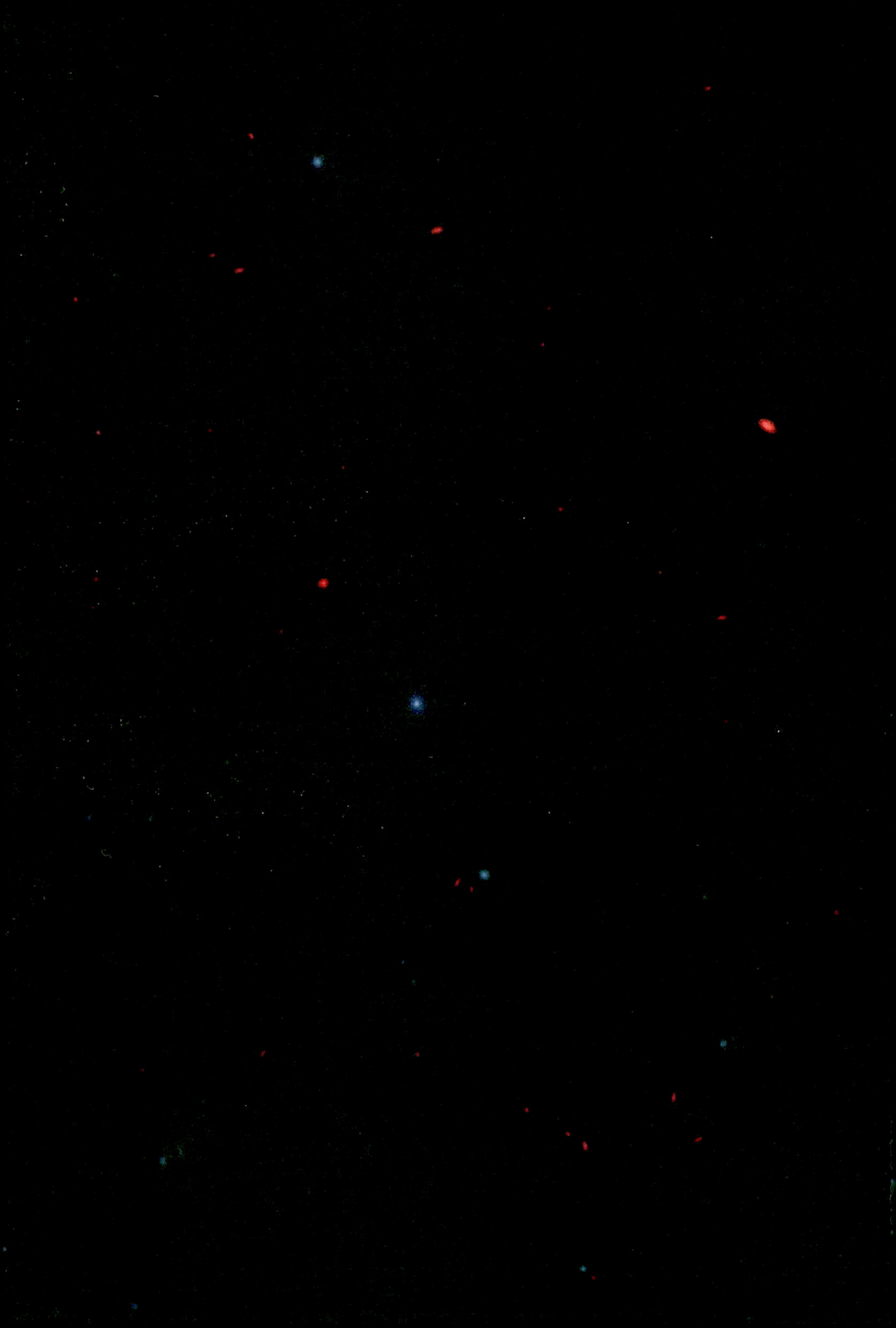

생각의 에너지로
불붙이는 동기부여

동기부여, 성공의 연료를 채우다

성공한 사람들의 공통점 중 하나는 바로 강력한 동기부여이다. 동기는 우리를 행동하게 만드는 원동력이자, 성공으로 이끄는 나침반과 같다. 동기부여가 있어야 목표를 정하고, 그 목표를 향해 꾸준히 전진할 수 있다.

동기부여의 중요성은 아무리 강조해도 지나치지 않다. 세계적인 성공학 강사 토니 로빈스는 "성과의 80%는 심리 상태, 나머지 20%는 전략과 방법에서 나온다"고 말했다. 얼마나 많이 아는지, 얼마나 뛰어난 기술을 가졌는지보다 동기부여가 더 중요하다는 것이다.

동기이론 중 하나인 기대이론에 따르면, 동기부여는 '특정 행동을 하면 원하는 결과를 얻을 수 있다'는 기대에서 비롯된다. 이때 그 결과물의 가치가 얼마나 매력적인지, 그리고 그것을 얻을 가능성이 얼마나 높은지에 따라 동기부여 수준이 결정된다고 한다.

즉, 내가 원하는 목표가 무엇인지 분명히 하고, 그 목표의 가치와 의미를 깊이 새기는 것이 중요하다. 돈을 버는 것 자체보다는 그 돈으로 이루고 싶은 꿈, 이루고 싶은 삶의 모습을 상상하는 것이 더 강력한 동기가 되는 것처럼 말이다.

또한, 내가 그 목표를 이룰 수 있다는 자신감, 즉 자기효능감도 동기부여의 핵심 요소이다. 미국의 심리학자 알버트 반두라는 "자신감은 자신의 능력에 대한 믿음"이라고 정의했다. 이 믿음은 도전하게 하고, 역경을 이겨내게 하는 힘이 된다.

그런 면에서 작은 성공의 경험이 큰 힘이 된다. 매일의 하위 목표들을 달성하면서 성취감을 맛보고, 이를 통해 진짜 목표에 대한 자신감도 점점 커지게 된다. 이렇게 자신감을 쌓아나가는 사람은 더 큰 목표에 도전할 용기가 생기게 마련이다.

내적 동기 VS 외적 동기

우리는 하루에도 6만 개 이상의 생각을 한다. 그중 대부분은 무의식적이고 자동적인 생각들이다. 문제는 이런 생각들이 대개 부정적이라는 것이다. '할 수 있을까?', '너무 어려울 것 같아', '실패하면 어쩌지?'와 같은 생각들 말이다.

그런데 만약 이 생각들을 바꿀 수 있다면 어떨까? 두려움 대신 희망을, 의심 대신 확신을 심는다면? 놀랍게도 이것이 가능하다. 우리에게는 생각을 선택하고 변화시킬 수 있는 힘이 있기 때문이다. 바로 여기에 내재적 동기와 외재적 동기의 비밀이 숨어있다.

세계적인 동기부여 전문가 토니 로빈스는 이렇게 말했다. "삶의 질은 감정의 질에 달려있고, 감정의 질은 생각의 질에 달려있다." 우리가 어떤 생각을 하느냐에 따라 감정이 결정되고, 그 감정이 우리의 행동과 결과를 좌우한다는 의미이다.

실제로 하버드대학교 심리학과 쇼 에이크만 교수팀의 연구에 따르면, 성공한 사람들은 실패한 사람들에 비해 긍정적인 생각을 3배 이상 더 많이 한다고 한다. 이들은 역경과 도전을 오히려 성장의 기회로 여기고, 가능성에 집중한다.

반면 부정적 생각에 사로잡힌 사람들은 작은 시련에도 쉽게 포기하고 좌절한다. 스스로 한계를 정해버리고, 그 틀에 갇혀 더 나은 미래를 그리지 못한다. 결국 생각의 차이가 동기부여와 성공을 가르는 분수령이 되는 셈이다.

그렇다면 내재적 동기와 외재적 동기는 어떤 차이가 있을까? 내재적 동기란 일 자체에 대한 흥미와 만족감에서 비롯된다. 자신이 하는 일에 보람을 느끼고, 그 과정에서 성장하는 기쁨을 누린다. 반면 외재적 동기는 보상이나 처벌, 인정과 같은 외부 요인에 의해 유발된다.

학창시절을 떠올려 보라. 어떤 친구들은 그저 좋은 성적을 받고 칭찬받기 위해 공부했다. 하지만 어떤 친구들은 배우는 즐거움 그 자체로 공부에 매진했다. 시험이 끝나도 궁금한 걸 찾아보고, 스스로 문제집을 풀어가며 지식의 깊이를 더해갔다.

어느 쪽이 더 오래가고 강력할까? 물론 내재적 동기이다. 자발적이고 능동적인 태도는 어떤 역경에도 꺾이지 않는 원동력이 되어준다. 애플의 창업자 스티브 잡스, 아마존의 설립자 제프 베조스 등 위대한 혁신가들도 모두 이런 내적 동력을 가지고 있었다.

물론 이것이 외재적 동기가 중요하지 않다는 뜻은 아니다. 우리는 누구나 인정받고 싶고, 좋은 대우를 받고 싶어 한다. 연봉을 올리고 승진하는 것도 큰 보람이다. 문제는 외재적 동기에만 의존하면 쉽게 타성에 젖는다는 것이다.

호기심과 열정은 사라지고, 안주하려는 마음만 커진다. 더 높은 연봉을 준다고 스카우트 제의를 받으면, 주저 없이 회사를 떠나버린다. 반면 내재적으로 동기부여된 사람들은 어떤 유혹에도 흔들리지 않는다. 자신이 하는 일에 대한 소명의식과 자부심이 있기 때문이다.

신경언어프로그래밍 NLP에 따르면, 우리는 누구나 이런 내재적 동기를 강화할 수 있다. 먼저 자신이 진정으로 좋아하고 잘하는 일이 무엇인지 찾아야 한다. 그리고 그 일에 몰입할 때 느끼는 희열과 보람을 떠올려라. 마치 그 순간에 있는 것처럼 생생하게 상상하는 것이다.

이렇게 긍정적인 감정을 반복해서 떠올리면 뇌에 깊이 각인된다. 점차 일에 대한 열정이 샘솟고, 어려움이 와도 끝까지 헤쳐나갈 힘이 생긴다. 스스로에 대한 믿음도 커진다. "I can do it!(나는 할 수 있다!)"라는 확신이 내면에서부터 울려퍼지는 것을 느낄 수 있다.

동시에 주변의 긍정적 에너지를 흡수하라. 같은 꿈을 가진 동료들과 교류하고, 서로 격려하며 배우는 것이다. 위대한 멘토를 찾아 조언을 구하는 것도 큰 도움이 된다. 이렇게 관계 속에서 우리는 더욱 성장할 수 있다. 외부 자극을 내재화하는 셈이다.

물론 보상과 인정도 필요하다. 노력한 만큼 대가를 받아야 한다. 회사는 공정한 평가와 보상 시스템을 만들어야 한다. 하지만 더 중요한 것은, 구성원 개개인이 내적 동기를 갖도록 돕는 일이다. 자율성을 주고, 역량을 개발할 기회를 제공하며, 그들의 성취를 진심으로 축하해주는 것. 이것이 진정한 리더의 자질이다.

생각이 바뀌면 동기가 바뀐다

생각의 힘은 놀랍다. 우리가 어떤 생각을 하느냐에 따라 삶의 모습이 달라진다. 생각이 바뀌면 동기부여도 변한다. 목표를 향해 전진할 수 있는 원동력이 생겨난다. 생각은 우리의 현실을 만드는 가장 강력한 도구다.

긍정적인 생각은 우리에게 힘을 준다. 할 수 있다는 믿음, 성공할 수 있다는 확신이 생긴다. 반면 부정적인 생각은 우리를 옭아맨다. 실패에 대한 두려움, 자신 없음에 짓눌려 아무것도 하지 못한다. 긍정의 힘을 믿고 부정의 늪에서 빠져나와야 한다.

우리는 생각이 현실이 된다는 사실을 믿어야 한다. 온 우주는 생각의 에너지로 가득 차 있다. 원하는 것을 진심으로 믿고 집중하면 이뤄진다. 의심하지 말고 염원하라. 당신의 생각이 곧 당신의 세상이다.

NLP는 생각을 다스리고 삶을 혁신하는 기술이다. 뉴로-링귀스틱 프로그래밍의 약자로, 뇌와 언어 그리고 행동 사이의 역동적 관계에 주목한다. NLP의 목표는 무의식을 활용해 자신이 원하는 삶을 창조하는 것이다.

NLP의 6가지 법칙은 모든 행동에는 긍정적 의도가 있다는 것, 지도는 영토가 아니라는 것, 가장 유연한 사람이 가장 큰 영향력을 가진다는 것, 선택의 폭을 넓힐수록 더 큰 힘을 갖는다는 것, 몸과 마음은 하나의 시스템을 이룬다는 것, 의사소통은 그 결과로 평가된다는 것 등이다.

NLP의 심장부는 신경Neuro, 언어Linguistic, 프로그래밍Programming으로 구성된 N.L.P 삼위일체다. 뇌신경의 작동 방식, 언어 사용의 패턴, 행동의 자동화 프로세스가 서로 영향을 미친다. 생각, 언어, 행위를 일관되게 다듬는 게 중요하다.

NLP는 개인과 조직의 잠재력 계발을 위해 널리 활용된다. 평범한 사람들도 NLP 기술을 익혀 비약적인 성장을 이룰 수 있다. 오프라 윈프리, 앤드리 애거시, 타이거 우즈 등 유명인사들의 성공

뒤에는 NLP의 힘이 숨어 있다.

　NLP와 뇌과학은 밀접한 관련이 있다. 뇌과학은 신경세포 간 연결과 소통에 주목하는데, NLP도 신경 작용에 기반한다. 또한 NLP는 인간의 주관적 경험에 초점을 맞추는 데 반해, 뇌과학은 객관적 실체인 뇌에 집중한다. 이 둘은 서로 보완하며 발전한다.

　생각이 뇌를 변화시킨다는 건 뇌가소성 이론의 핵심이다. 뇌는 고정불변의 실체가 아니라 끊임없이 재구성되는 역동적 기관이다. 우리가 어떤 생각을 반복하느냐에 따라 뇌의 구조와 기능이 달라진다. 새로운 뇌세포 연결이 생성되고, 강화된다.

　NLP와 뇌과학의 관계를 보여주는 도식이 있으면 좋겠다. 예를 들어 NLP라는 원은 '신경', '언어', '행동'의 3개 작은 원으로 구성되고, 뇌과학이라는 또 다른 원은 '뇌구조', '뇌기능', '신경가소성' 등의 핵심어를 내포한 채, NLP 원과 일부 영역을 공유하며 연결되는 식이다.

　목표 설정은 성공의 시발점이다. 생각을 통해 원하는 목표를 분명히 그려야 한다. 마음속으로 상상하고, 구체적인 언어로 표현하라. 달성 기한을 정하고 세부 실행 계획을 세워라. 당신의 모든 생각과 행동을 목표에 맞춰 조준하라.

NLP의 목표 설정 기술은 매우 정교하다. 원하는 상태를 감각적으로 구체화하는 것, 목표 달성을 위해 필요한 자원을 찾아내는 것, 목표 상황을 미리 체험해보는 것 등이 도움 된다. 무의식까지 활용해 원하는 결과에 몰입하는 것이 중요하다.

생각이 강력한 이유는 그것이 행동을 이끌어내기 때문이다. 생각에 확신이 서려 있으면 몸이 반드시 따른다. 하루하루 작은 실천을 쌓아가다 보면 어느새 목표에 성큼 다가서 있다. 실행력은 꿈을 현실로 바꾸는 마법의 힘이다.

목표에 다다르는 길은 순탄치 않다. 방해 요인, 유혹, 좌절이 끊임없이 다가온다. 흔들리는 마음을 다잡고 목표를 향해 한 걸음 한 걸음 나아가야 한다. 당신 내면의 GPS인 신념을 따라 전진하라. 생각의 나침반을 믿고 용기 있게 도전하라. 길은 그 앞에 있다.

동기부여는 목표 달성의 원동력이다. 동기부여 수준이 높을수록 견인력, 추진력, 지구력 또한 강해진다. 동기부여가 떨어지면 작은 방해에도 쉽게 무너지지만, 불타는 마음만 있다면 그 어떤 역경도 이겨낼 수 있다.

동기부여는 내재적 동기와 외재적 동기로 구분된다. 내재적 동기는 과업 그 자체에 대한 흥미와 열정을 바탕으로 하며, 더 지속 가능한 힘을 준다. 반면 외재적 동기는 성과에 대한 보상에 기반한 것으로, 일회적이고 상황 의존적이다. 내적 동기를 높이는 것이 장기적으로 유리하다.

생각은 동기부여의 토양이다. 목표 달성에 대한 긍정적 신념, 자신의 역량에 대한 신뢰, 실패를 견뎌낼 회복탄력성 등이 동기 수준을 좌우한다. 생각을 바꾸면 동기가 달라진다. 성장 마인드셋을 가지고 실행에 몰입하는 순간 한계를 돌파하는 것은 시간문제다.

NLP의 동기부여 전략은 최상의 심리 상태를 만드는 것에서 출발한다. 목표 달성의 긍정적인 결과를 생생하게 떠올리고 성취감을 미리 경험하는 것, 성공한 과거 경험을 환기하며 자신감을 끌어올리는 것, 목표 상황에서의 나를 구체적으로 묘사하고 동기를 최면하는 것 등이 포함된다.

지속가능한 동기부여를 위해서는 자신의 성향과 리듬을 파악해야 한다. 계획을 세밀하게 세우고 실천하는 유형, 타인과의 경쟁을 자극제로 삼는 유형, 스스로에게 보상하며 힘을 북돋우는 유형 등 개인차가 있다. 자신에게 맞는 동기부여 방식을 찾는 것이 중요하다.

습관은 반복된 생각과 행동의 결과물이다. 성공한 사람들의 생각 습관은 남다르다. 항상 기회를 찾아내고, 실패에서도 교훈을 얻는다. 작은 성취에도 의미를 부여하고 자신을 격려한다. 긍정의 습

생각은 동기부여의 땅이다

관이 몸에 밴 자연인인 셈이다.

생각 습관을 바꾸려면 먼저 패턴을 읽어야 한다. 반복적으로 떠오르는 부정적 사고, 자신을 제한하는 신념, 실패를 과잉일반화하는 경향 등을 냉정히 직시해야 한다. 그런 다음 개선 방향을 설정하고 바람직한 생각을 주입해야 한다.

자존감을 높이는 것이 긍정적 사고의 핵심이다. 자신을 믿고, 스스로를 지지하고 응원해주는 습관을 길러야 한다. 자기 확언, 내면의 힘을 증폭시키는 심상 만들기, 긍정의 눈으로 세상 바라보기 등을 꾸준히 실천하다 보면 자아상이 서서히 개선된다.

NLP는 무의식의 힘을 빌려 삶의 프로그래밍을 바꾼다. 생각, 정서, 행동, 습관의 자동성에 주목하고 이를 원하는 대로 설계한다. 긍정적 정서를 유발하는 기억을 활용하고, 바람직한 반응을 조건화하며, 이상적 자아상을 내재화하는 것이 NLP 성공 습관의 요체다.

반복이 쌓이면 습관이 되고, 습관이 모이면 성공이 된다. 생각 관리를 일상 속 작은 실천으로 녹여내야 한다. 아침에 감사 일기 쓰기, 긍정 암시 외우기, 하루 한 번 칭찬하기 등 실행이 용이한 과제에서 출발하라. 작은 실천이 내면을 풍요롭게 채운다.

자기 이해는 성공의 디딤돌이다. 자신의 장단점을 냉철히 파악하고, 숨겨진 가능성을 발견해야 한다. 강점에 집중하되 약점을 보완할 방법 또한 모색해야 한다. 내면의 풍경을 알아야 원하는 삶의 방향을 설정할 수 있다.

NLP는 내면 탐색의 나침반이 되어준다. 무의식에 접근해 자기 한계를 가두는 신념, 은폐된 욕구와 두려움 등을 만난다. 진실한 자아와 대면할 때 비로소 우리는 성장할 수 있다. 진정한 나를 발견하면, 삶의 방향이 명확해진다. 이를 위해 NLP는 자기 탐색과 성찰의 도구로 활용된다. 자신의 무의식과 의식이 조화를 이루는 순간, 우리는 더 큰 도약을 이룰 수 있다.

NLP의 자기 탐색 과정은 세 가지 단계로 요약될 수 있다. 첫째, 자신의 무의식을 인식하고 수용하는 단계다. 이 단계에서는 자신을 제한하는 신념과 패턴을 찾아낸다. 둘째, 긍정적인 변화를 위한 행동을 설계하는 단계다. 이 단계에서는 새로운 신념과 행동 패턴을 구축한다. 셋째, 지속적인 실천을 통해 새로운 습관을 형성하는 단계다. 이 단계에서는 일상 속에서 반복적으로 새로운 행동을 실천하여 무의식적으로 자리 잡게 한다.

NLP는 성공적인 변화를 위해 다양한 기술을 제공한다. 예를 들어, 앵커링 anchoring은 특정 감정 상태를 유발하기 위해 특정 자극을 사용하는 기법이다. 이는 긍정적인 감정을 유지하고 부정적인 감정을 극복하는 데 유용하다. 또한 모델링 modelling 은 성공한 사람들의 행동과 사고방식을 모방하여 자신에게 적용하는 기법이다. 이를 통해 우리는 단시간에 효과적인 성장을 이룰 수 있다. 마지막으로 프레임 전환 reframing 은 상황을 다른 관점에서 바라보는 연습을 통해 부정적인 경험을 긍정적으로 재구성하는 방법이다. 이는 어려움을 기회로 바꾸는 데 도움을 준다.

생각의 힘은 우리의 삶을 결정짓는다. NLP는 이러한 생각의 힘을 최대한 활용할 수 있는 도구다. 생각을 변화시키고 목표를 설정하며, 동기부여를 지속하고 습관을 형성하는 과정을 통해 우리는 원하는 삶을 창조할 수 있다.

날마다 모든 면에서
좋아지고 있다

마지막으로, 지속 가능한 성공을 위해서는 꾸준한 실천이 중요하다. 아침마다 감사 일기를 쓰거나, 매일 긍정적인 자기 확언을 외우고, 하루 한 번 자신을 칭찬하는 등의 작은 실천이 큰 변화를 가져온다. 작은 변화가 쌓이면 큰 변화를 만든다.

이러한 모든 과정은 자기 이해를 바탕으로 한다. 자신의 강점과 약점을 정확히 파악하고, 긍정적인 변화를 위해 노력할 때 우리는 진정한 성공에 도달할 수 있다. NLP는 이 여정에서 중요한 역할을 하며, 우리의 삶을 보다 나은 방향으로 이끄는 데 큰 도움을 준다.

이를 통해 생각의 힘과 NLP의 기법이 우리의 삶을 어떻게 변화시킬 수 있는지를 명확하게 시각화할 수 있다. 지속적인 동기부여와 실천을 통해 우리는 원하는 삶을 창조할 수 있으며, NLP는 이 과정에서 강력한 도구가 된다.

NLP로 점프업하는 동기부여

생각은 강력하다. 마음속에 그린 이미지는 현실로 구현되기 마련이다. 세계적인 성공학 강사 토니 로빈스는 말한다. "성취하고 싶은 목표를 가장 생생하게 상상할 때 그것을 향한 동기부여가 폭발한다." 생각이 우리의 마음에 불을 지피는 것이다. 눈에 보이지 않는 생각이 어떻게 이토록 강력한 추진력이 되는 것일까?

동기부여는 인간을 움직이는 근원적 힘이다. 동기가 높을수록 더 큰 에너지를 발휘한다. 하지만 많은 이들이 동기부여의 진정한 원천을 모른 채 살아간다. 외부의 보상이나 처벌에 의존하며 가시적인 성과에만 집착한다. 겉으로 드러난 동기는 쉽게 사라지기 마련이다. 우리에겐 내면에서 끊임없이 에너지를 공급해줄 보이지 않는 원동력이 필요하다. 바로 우리의 '생각'이 그 역할을 한다.

  NLP는 생각을 통해 자신을 근본적으로 동기부여하는 혁신적 기술이다. 신경언어프로그래밍이라는 이름에서 알 수 있듯 NLP는 신경, 언어, 프로그래밍의 삼위일체를 통해 인간의 잠재력을 극대화한다. 과거에는 동기부여가 선천적으로 타고나거나 후천적 자극에 의해서만 일어나는 것으로 여겼다. 하지만 NLP는 동기부여의 주도권을 스스로 쥘 수 있게 해준다. 강력한 내적 동기를 만들어내고, 어떤 어려움에도 불구하고 지속할 수 있게 하는 기술이다.

  NLP의 주요 전제 중 하나는 '지도는 영토가 아니다'라는 말이다. 우리가 실재하는 세계를 있는 그대로 받아들이는 것이 아니라, 우리의 감각기관을 통해 걸러진 정보를 재해석해서 받아들인다는 의

생각의 차이

미다. 우리의 사고방식과 신념체계에 따라 세상이 다르게 보인다는 뜻이다. 같은 상황 앞에서도 어떤 사람은 기회로, 어떤 사람은 위기로 받아들인다. 차이를 만드는 것은 다름 아닌 생각이다.

동기부여 역시 마찬가지다. 같은 목표와 여건 속에서도 어떤 사람은 불타오르는 열정을 느끼고, 어떤 사람은 의욕을 잃고 포기하고 싶어 한다. NLP는 이런 차이가 생각에서 비롯된다고 말한다. 성공에 대한 생각, 실패에 대한 두려움, 자신감 수준 등 내면의 생각 패턴이 동기부여를 좌우한다는 것이다.

긍정심리학의 창시자 마틴 셀리그만 박사는 우리의 삶을 지배하는 결정적 요인으로 '설명방식'을 꼽았다. 좋은 일이든 나쁜 일이든 그에 대해 우리가 내리는 해석이 이후의 행동을 결정한다는 것이다. 실패를 '나는 능력이 부족한 사람'이라고 해석하는 사람과 '조금 더 노력이 필요했던 것 같다'고 생각하는 사람, 미래를 바라보는 자세가 판이하게 달라진다. 전자는 의욕을 상실하고 더는 도전하려 들지 않는다. 후자는 실패를 교훈 삼아 더욱 분발하게 된다.

NLP의 리프레이밍 기술은 생각의 틀을 바꿔 새로운 의미를 부여하고 긍정적 방향으로 이끈다. 실패를 '값진 성장의 기회'로 바라보게 함으로써 도전할 용기를 북돋운다. 목표를 '아직 도달하지 못한 곳'이 아니라 '반드시 이뤄낼 곳'으로 정의내림으로써 의지를 다지게 한다. 사고의 전환이 감정과 행동의 변화로 이어지는 것이다.

물론 사고를 바꾸는 일이 쉽지만은 않다. 우리의 마음속에는 고정관념, 편견, 자기 한계 등 부정적 신념들이 깊이 뿌리내리고 있기 때문이다. 하지만 뇌과학은 우리에게 희망을 준다. 최근 연구에 따르면 반복되는 사고는 뇌의 물리적 구조를 변화시킨다. 신경가소성이라 불리는 뇌의 적응력 덕분이다. 새로운 사고방식을 꾸준히 훈련함으로써 우리는 뇌의 회로를 바꿀 수 있다. 생각의 힘은 우리의 뇌를 우리가 원하는 대로 조각하는 조각칼이 되는 셈이다.

NLP의 또 다른 핵심 기술로 '앵커링'을 들 수 있다. 특정 감각 자극과 감정 상태를 조건화시켜 필요할 때 원하는 감정을 불러일으키는 기법이다. 성공했던 순간의 강렬한 정서를 떠올리며 주먹을 쥐는 행동을 반복하면, 이내 주먹을 쥐는 것만으로도 자신감 넘치는 최상의 컨디션을 이끌어낼 수 있다. 운동선수들이 경기 전 특정 음악을 듣거나 세리머니를 하는 이유가 여기에 있다.

하버드대 심리학과 교수 엘렌 랭어는 마음가짐의 힘을 실험으로 입증했다. 그는 호텔 청소부들을 대상으로 "여러분이 매일 하는 청소는 훌륭한 운동이며 건강에 매우 좋습니다"라고 긍정적 피드백을 제공했다. 생각이 달라진 청소부들은 실제 운동량의 변화 없이도 체중이 줄고 혈압이 내려가는 등 건강이 개선되었다. 마음가짐 하나로 신체의 생화학적 변화를 일으킨 것이다. 동기부여도 이와 다르지 않다. 우리가 동기부여에 대해 어떤 생각을 갖고 얼마나 믿느냐가 실제 동기부여 수준을 결정한다.

따라서 동기부여의 핵심은 내재화에 있다. 보상에 현혹되는 외재적 동기가 아닌 자기 내면에서 우러나오는 강력한 내재동기를 만드는 것이 중요하다. 이를 위해서는 먼저 '왜 이 목표가 나에게 중요한가'에 대해 숙고해야 한다. 가치관과 목표를 일치시킬 때 motivaion은 마음에서 샘솟는 emotion이 된다. NLP는 목표와 자아상을 연결 짓는 강력한 기법을 제공한다. '나는 도전을 즐기는 사람이다', '나는 어려움을 딛고 일어설 줄 아는 회복탄력성이 높은 사람이다'와 같은 긍정적 자기 암시로 자존감을 높일 수 있다.

또한 NLP의 SMART 원칙에 따라 구체적이고 측정 가능한 단기 목표들을 세우고, 성취 상상하기, 결과 이미지 트레이닝 등의 기법을 활용하는 것이 도움된다. 이는 자신감을 높이고 성취에 대한 강한 열망을 갖게 한다. 장기적 비전과 구체적 실천이 선순환을 이룰 때 동기부여는 배가 된다.

무엇보다 중요한 것은 지속성이다. 아무리 강한 동기라도 한순간의 것이라면 금세 사그라지고 만다. 법칙과 조건 없는 습관적 동기부여가 필요하다. 습관은 의식하지 않고도 반복되는 무의식적 행동이다. 습관이 되기까지는 평균 66일이 걸리지만, 일단 형성되고 나면 평생 갈 수 있는 자동 시스템이 된다.

긍정적 생각을 습관으로 만드는 가장 좋은 방법은 매일 아침 감사일기를 쓰는 것이다. 감사가 습관이 되는 순간, 우리는 어떤 상황에서도 희망을 발견하는 긍정의 힘을 갖게 된다. 또한 인생에서 가장 소중한 것이 무엇인지 성찰하며 목표와 방향성을 점검하는 시간을 가져야 한다. 내면의 진정한 열망에 다가갈수록 근원적 동기부여가 샘솟기 때문이다.

우리는 때로 슬럼프에 빠지기도 한다. 이럴 땐 성공했던 경험을 떠올리며 자신을 격려하는 것이 도움된다. "할 수 있어, 해냈던 적 있잖아"라고 말하며 실패를 겸허히 받아들이는 연습이 필요하다. 실수를 인정하고 그로부터 배우려 할 때 비로소 성장이 시작된다.

주변에서 긍정적 자극을 받는 것도 중요하다. 나보다 앞서 나아가는 사람, 도전을 멈추지 않는 사람들과 어울리다 보면 자연스레 동기부여가 된다. 그들의 열정이 나에게도 전염되는 것이다. 함께 꿈을 키워가는 동료가 있다는 것만으로도 힘이 된다.

결국 동기부여란 스스로 갈망하고, 실천하며, 성장하는 과정이다. 마음속에 그린 이미지를 현실로 구현하기 위해, 우리는 끊임없이 생각하고 행동해야 한다. NLP는 이러한 여정을 돕는 강력한 도구로서, 우리의 잠재력을 최대한 발휘하게 해준다.

NLP의 사고 전환 과정은 다음과 같다:

1. 자기 탐색: 자신의 신념과 생각 패턴을 인식하고 분석한다.
2. 목표 설정: 구체적이고 달성 가능한 목표를 설정한다.
3. 긍정적 자기 암시: 긍정적인 자기 암시를 통해 자존감을 높인다.
4. 리프레이밍: 부정적인 상황을 긍정적으로 재해석한다.
5. 앵커링: 원하는 감정을 불러일으키는 조건화를 통해 최상의 상태를 유지한다.
6. 반복과 실천: 새로운 사고방식과 행동을 지속적으로 반복하여 습관화한다.

또한, 긍정적 동기부여를 위한 일상적 실천 방법은 다음과 같다:

- 아침 감사일기 쓰기: 매일 아침 감사할 일을 적어 긍정적인 마음가짐을 유지한다.
- 성공 시각화: 목표를 생생하게 상상하여 동기부여를 강화한다.
- 긍정적 자기 암시: "나는 할 수 있다" 등의 긍정적인 말을 반복하여 자존감을 높인다.
- 성찰의 시간: 정기적으로 자신의 목표와 가치관을 되돌아보며 방향성을 점검한다.
- 건강한 인간관계 유지: 긍정적인 사람들과 어울리며 긍정적 에너지를 얻는다.

결론적으로, 생각의 힘은 우리의 삶을 변화시키는 강력한 도구다. NLP는 이러한 생각의 힘을 극대화하여 우리가 원하는 목표를 달성하고, 더 나은 삶을 살도록 돕는다. 지속적인 동기부여와 실천을 통해, 우리는 끊임없이 성장하고 발전할 수 있다. 이를 통해 우리는 자신이 설정한 목표를 이루고, 진정으로 만족하는 삶을 살아갈 수 있다. NLP는 우리의 내면 깊숙이 자리한 가능성을 끌어내어, 우리가 원하는 모든 것을 현실로 만드는 데 큰 도움을 줄 것이다.

영원한 동기부여를 위하여

동기부여는 우리 삶의 원동력이다. 그것은 우리를 움직이게 하고, 불가능해 보이는 목표에 도전하게 만든다. 하지만 대부분의 사람들은 동기부여를 일시적인 것으로 여긴다. 그들은 순간의 열정에 휩싸이지만, 곧 일상의 장벽에 부딪히고 만다. 영원한 동기부여란 바로 이러한 한계를 뛰어넘는 것이다. 그것은 우리 내면에 숨겨진 힘을 발견하고, 그 힘을 지속적으로 이끌어내는 과정이다.

토니 로빈스는 이렇게 말했다. "당신이 미칠 수 있는 영향력의 한계는 오직 당신의 상상력과 헌신에 달려 있다." 그의 말은 우리 안에 잠재된 무한한 가능성을 일깨운다. 로빈스가 처음 신경언어프로그래밍 NLP을 접했을 때, 그는 즉시 그 혁신적인 잠재력을 알아보았다. 6개월 간의 자격증 과정에 몰두한 그는 NLP의 기술을 빠르게 습득했고, 다른 이들을 돕고자 하는 열망으로 가득 찼다.

우리가 영원한 동기부여에 다가가는 첫걸음은 생각의 힘을 인식하는 것이다. 우리를 가두는 울타리는 마치 닭을 가두는 울타리처럼 우리 마음속에 자리 잡고 있다. 유전자와 무의식, 자의식이라는 벽돌로 쌓인 이 울타리는 우리 삶의 한계를 결정짓는다. 평범한 사고의 굴레에 갇혀 우리는 진정한 자유를 맛보지 못한다.

이러한 정신적 속박에서 벗어나기 위해서는 먼저 생각의 위력을 깨달아야 한다. "모두가 같은 생각을 한다는 것은 평범한 생각을 한다는 의미"라는 격언처럼, 오직 색다르게 생각하고 현상에 도전할 때에만 우리는 평범함의 울타리를 뛰어넘을 수 있다. 평범한 생각에 갇힌 사람은 결코 진정한 자유를 얻을 수 없다.

영원한 동기부여로 가는 길에는 어려움이 따르기 마련이다. 자유를 향한 약속이 주어지더라도 우리의 무의식은 방어기제를 펼치며 의심과 두려움을 속삭인다. "나는 할 수 없어"라는 무의식의 속삭임은 우리를 익숙한 안전지대에 머물게 한다. 하지만 우리에게는 이러한 내적 방해꾼을 극복할 힘이 있다. NLP 기법과 긍정적 자기 대화의 힘을 빌려 우리는 마음을 재프로그래밍할 수 있다. 의심의 소리를 잠재우고 가능성의 합창을 크게 울릴 수 있다.

은 습관의 선순환

우리는 목표를 향해 꾸준히 그리고 목적 있게 행동해야 한다. 습관의 힘이 빛을 발하는 지점이 바로 여기에 있다. 우리의 가치관과 열망에 부합하는 일상적 루틴과 의식을 확립함으로써 우리는 동기부여의 선순환 고리를 만들어낼 수 있다. 작은 승리와 앞으로 내딛는 모든 발걸음이 우리의 의지를 강화하고 더 큰 성취로 이끈다.

영원한 동기부여의 여정을 시작할 때 우리는 좌절과 실패가 불가피하다는 사실을 기억해야 한다. 하지만 이러한 도전을 극복할 수 없는 장애물로 여기기보다는 성장과 배움의 기회로 바라볼 필요가 있다. 성장 마인드셋을 함양함으로써 우리는 능력과 지능이 노력과 인내를 통해 개발될 수 있다는 신념을 받아들일 수 있다. 실패를 최종적 종착점이 아닌 성공으로 가는 일시적 우회로로 인식하게 된다.

영원한 동기부여를 추구할 때 우리의 목표를 핵심 가치와 일치시키는 것 또한 중요하다. 행동과 열망이 가장 깊은 신념 및 원칙과 조화를 이룰 때, 우리는 내재적 동기부여의 샘에 다다를 수 있다. 더 이상 외부의 보상이나 인정에만 의존하지 않고, 꿈을 향해 정진하는 행위 그 자체에서 성취감을 얻게 된다. 이러한 부합은 목적의식과 의미를 창출하여 가장 힘든 시기에도 우리를 지탱해준다.

결국 영원한 동기부여를 유지할 힘은 우리 각자 안에 있다. 그것은 도전을 받아들이고 좌절에서 배우며 앞으로 나아가겠다고 매 순간 선택하는 것이다. NLP 기법을 활용하고, 함께 성장할 동료를 만나며, 긍정적 습관을 형성하고, 목표와 가치를 일치시킴으로써 우리는 끝없는 에너지와 무한한 잠재력의 세계로 향하는 문을 열 수 있다.

나는 영원한 동기부여를 갈망하는 모든 이들에게 이 변혁의 여정에 동참할 것을 권한다. 평범함에 도전하고 비범함을 받아들일 용기를 내라. 서로를 고양하고 영감을 주는 이들로 자신을 둘러싸라. 꿈을 향해 꾸준히 전진하라. 토니 로빈스의 현명한 말처럼 "성공으로 가는 길은 엄청나고 단호한 행동을 취하는 것"임을 잊지 말라. 이 말이 영원한 동기부여와 헤아릴 수 없는 가능성의 삶을 향한 길잡이 별이 되어주기를.

이제 함께 우리를 가두는 울타리에서 벗어나, 한껏 꿈꿔온 삶을 향해 날아오르자. 영원한 동기부여를 유지할 힘은 당신의 손안에 있다. 그 힘을 붙잡고 가꾸며 당신의 세계가 눈앞에서 변화하는 모습을 지켜보라. 그 길이 결코 쉽지만은 않겠지만, 그 보상은 헤아릴 수 없이 크다. 그러니 그 첫걸음을 내딛어라. 영원한 동기부여의 불길이 당신의 영혼에 불을 지펴 끝없는 성공과 성취의 미래로 나아가게 하리라.

6장

생각 습관 리모델링하기

당신의 습관에 성공이 숨어있다

우리는 종종 어떤 이들은 별다른 노력 없이도 꿈을 이루는 반면, 다른 이들은 생계를 꾸리기 위해 고군분투하는 모습을 목격한다. 그 차이는 그들의 생각과 습관에서 비롯된다. 세계적인 동기부여 연설가 토니 로빈스가 말했듯이 "당신의 삶의 질은 스스로에게 던지는 질문의 질에 비례한다."

무의식은 우리의 사고방식을 형성하고, 나아가 현실을 만드는 데 지대한 영향을 미친다. 울타리에 갇힌 닭처럼 인간 역시 유전자, 무의식, 자의식이 세운 경계에 제한받곤 한다. 이 울타리는 우리의 운명을 결정짓는데, 그로부터 벗어나기 위해서는 의식적인 노력으로 사고패턴을 바꾸어야 한다.

시간 관리와 우선순위 설정: 선택적 집중의 기술

성공한 사람들은 시간이야말로 가장 소중한 자원임을 깨닫고 있다. 그들은 우선순위 설정의 달인으로, 목표와 가치관에 부합하는 활동에 에너지를 집중한다. 역사상 가장 성공한 투자자 중 한 명인 워런 버핏은 자신의 성공 요인을 방해요소에 "아니오"라고 말하고 진정 중요한 것에 집중하는 능력이라고 설명했다.

당신의 인생을 정원에 비유해 보자. 당신에겐 어떤 씨앗을 심고 가꿀지 선택할 권한이 있다. 목표에 우선순위를 두고 시간을 현명하게 분배함으로써, 당신은 내면의 갈망을 반영하는 아름답고 번성하는 정원을 가꿀 수 있다.

목표 설정과 지속적인 실천: 성공으로 가는 로드맵

성공한 사람들은 명확하고 측정 가능한 목표를 세우고 그것을 이루기 위해 끊임없이 노력한다. 그들은 계획 없는 목표는 그저 허황된 꿈에 불과하다는 것을 안다. 고 스티브 잡스가 말했듯이 "당신이 진정 열정을 쏟는 일을 한다면, 누군가가 밀어붙이지 않아도 된다. 비전 그 자체가 당신을 이끌 것이다."

목표를 나침반에 비유해보자. 그것은 삶의 기복 속에서도 당신을 인도하는 역할을 한다. 구체적인 목표를 설정하고 꾸준히 실천함으로써, 당신은 역경에 맞서는 상황에서도 동기부여와 집중력을 잃지 않고 성공으로 가는 로드맵을 만들 수 있다.

중요한 의사결정: 전략적 선택의 힘

성공한 사람들은 모든 결정을 목표로 가는 중요한 발걸음으로 여긴다. 그들은 잠재적 결과를 신중히 저울질하며, 각각의 선택이 진전에 어떤 영향을 미칠지 늘 고려한다. 아마존 창업자 제프 베조스가 유명하게 말했듯이 "당신이 고집스럽지 않다면, 실험을 너무 일찍 포기할 것이다. 반면 유연하지 않다면, 문제를 해결하려 머리를 벽에 박을 뿐 다른 해법을 보지 못할 것이다."

결정을 건축 자재로 상상해보라. 하나하나가 성공의 토대를 만드는 데 기여한다. 장기적 목표에 부합하는 전략적 선택을 내림으로써, 당신은 시간의 시험을 견뎌낼 수 있는 튼튼한 기반을 다질 수 있다.

내재적 동기: 내면의 불꽃

성공한 개인은 탁월해지려는 내적 욕구에 의해 추동되는데, 이는 종종 자신의 일에 대한 깊은 열정에서 비롯된다. 그들은 배움, 성장, 의미 있는 영향력 행사의 과정 속에서 기쁨을 느낀다. 진정한 성공의 화신 오프라 윈프리가 한 말처럼 "열정은 곧 에너지다. 자신을 흥분시키는 일에 몰두할 때 얻는 힘을 느껴보라."

당신 안의 동기를 불꽃으로 그려보자. 열정을 키우고 노력의 목적을 찾음으로써, 그 불길을 밝게 지필 수 있고 위대함으로 가는 길을 밝힐 수 있다.

실패를 품다: 좌절 속 숨은 교훈

성공한 사람들은 실패가 성공의 반대말이 아니라 여정의 핵심 요소임을 이해한다. 그들은 좌절을 성장과 학습의 기회로 바라보며, 경험에서 귀중한 교훈을 얻고자 열망한다. 역사상 가장 위대한 농구 선수 중 한 명인 마이클 조던이 유명하게 말했듯이 "나는 커리어에서 9,000개가 넘는 슛을 놓쳤다. 거의 300번의 경기에서 졌다. 26번이나 결승골을 넣어달라는 믿음을 받고 실패했다. 내 삶에서 몇 번이고 또 실패했다. 그래서 내가 성공할 수 있었던 것이다."

실패를 씨앗에 비유해보자. 그것은 경험이라는 땅속 깊이 묻혀 있다. 매번 좌절할 때마다, 그 씨앗은 자라나 흙을 뚫고 빛을 향해 뻗어 나간다. 실패를 품고 그로부터 배움으로써, 당신은 회복력과 지혜를 키워 그 좌절을 성공으로 가는 디딤돌로 탈바꿈시킬 수 있다.

긍정적 독백의 힘: 내면의 대화 새로 쓰기

우리가 스스로에게 하는 말은 사고방식에, 궁극적으로는 현실에 심오한 영향을 미친다. 성공한 사람들은 긍정적 독백의 달인으로, 확언과 격려의 내적 대화를 통해 자신감과 동기를 북돋운다. 유명한 자기계발서 작가 루이스 헤이가 말했듯이 "당신은 수년간 스스로를 비판해왔고, 그건 별 효과가 없었다. 이제 스스로를 인정해보고 어떤 일이 일어나는지 지켜보라."

자기 독백을 대본으로 생각해보자. 그것은 끊임없이 당신의 머릿속에서 재생된다. 의식적으로 그 대본을 힘이 되고 고양시키는 말로 새로 쓰면서, 당신은 인생이라는 이야기의 감독이 되어 성공과 행복의 서사를 만들어갈 수 있다.

한계 믿음 극복하기: 정신적 장벽에서 탈출

우리 모두는 잠재력 발휘를 가로막는 한계 믿음을 갖고 있다. 이런 믿음은 보이지 않는 사슬과도 같아서, 우리를 자기 마음의 울타리 안에 가두곤 한다. 성공한 사람들은 이 정신적 장벽을 인식하고 그것을 극복하기 위해 부단히 노력한다. 자동차 산업의 선구자 헨리 포드가 말했듯이 "당신이 할 수 있다고 생각하든, 할 수 없다고 생각하든 - 당신의 생각이 맞다."

한계 믿음을 자신을 둘러싸고 성공으로 가는 길을 막는 벽으로 상상해 보자. 그런 믿음을 알아차리고 증거와 긍정적 확언으로 도전함으로써, 당신은 서서히 그 벽을 허물고 성장과 진보의 길을 열어갈 수 있다.

꾸준함의 중요성: 실천의 힘

성공은 목적지가 아니라 습관이다. 성공한 사람들은 날마다 꾸

정신적 장벽

준히 노력하는 것이 어떤 기술을 습득하거나 목표를 성취하는 핵심 열쇠임을 안다. 고대 그리스 철학자 아리스토텔레스가 현명하게 지적했듯이 "우리는 반복해서 하는 행위 그 자체다. 그러므로 탁월함은 하나의 행동이 아니라 습관이다."

당신의 습관을 성공의 구성요소로 생각해보라. 매일, 새로운 요소를 쌓아 올릴 기회가 주어진다. 서서히 성취의 탑을 세우는 것이다. 긍정적인 습관과 사고방식을 끊임없이 실천함으로써, 당신은 시간의 시험을 견뎌내는 튼튼한 기반을 만들 수 있다.

잠재력의 잠금 해제

성공은 소수만을 위해 예약되어 있지 않다. 그것은 하나의 선택이며, 위대함으로 이끄는 생각과 습관을 기르겠다는 결심이다. 성공한 사람들이 보여준 본보기에서 배우고 이 원칙들을 꾸준히 삶에 적용함으로써, 당신은 잠재력을 최대한 발휘하고 내면의 열망을 반영하는 현실을 만들어갈 수 있다.

마하트마 간디가 말했듯이 "당신의 믿음은 생각이 되고, 생각은 말이 되며, 말은 행동이 된다. 행동은 습관이 되고, 습관은 가치가 되며, 가치는 운명이 된다."

현명하게 생각을 선택하라. 거기에 성공의 열쇠가 있다. 긍정적 습관의 힘을 받아들이면, 꿈이 눈앞에서 펼쳐지는 모습을 지켜볼 수 있을 것이다. 위대함으로 가는 길은 당신 안에 있다. 발견되길 기다리고 있다. 오늘, 그 첫걸음을 떼어보자. 성공을 향한 여정이 시작되는 순간이다.

긍정적 자아상, 성공의 시작점

당신은 자신의 가장 가혹한 평가자이자 가장 큰 응원자이다. 매일 아침 눈을 뜨는 순간부터 잠들기 전까지, 당신은 내면의 독백에 몰두한다. 삶의 해설자 역할을 하는 이 작은 목소리는 당신에게 무엇을 말하는가? 당신의 강점을 칭찬하고 승리를 축하하며 당신을 격려하는가? 아니면 당신의 결점과 실패에 집착하며 무자비하게 당신을 짓밟는가?

자신에 대한 말하는 방식은 매우 중요하다. 그 내적 대화는 당신이 자신에 대해 어떻게 느끼고, 무엇을 할 수 있다고 믿으며, 궁극적으로 무엇을 성취할 수 있는지를 끊임없이 형성한다. 토니 로빈스가 언급했듯이 "인간 정신에서 가장 강력한 힘은 사람들이 자신을 정의하는 방식과 일치하는 말과 행동을 해야 한다는 필요성이다."

만약 끊임없이 자신을 비난하고 자신의 잘못된 점에 초점을 맞춘다면, 원하는 것을 추구하는 데 어려움을 겪을 것이다. 하지만 자신의 가장 친한 친구가 되어 항상 자신의 편이 되고 자신을 응원하는 법을 배운다면, 그때 당신은 막을 수 없는 존재가 될 것이다. 긍정적인 자아상을 발전시키는 것이 모든 성공의 출발점이다.

그렇다면 어떻게 흔들리지 않는 자존감을 기를 수 있을까? 이는 자기 대화에 주의를 기울이는 것에서 시작된다. 자신에 대해 지나치게 비판적이거나 부정적일 때를 인식하라. 그런 생각이 들 때 이에 도전하라. 정말 그게 사실인지 자문해 보라. 이것을 바라볼 수 있는 다른 방법은 무엇인가? 의식적으로 내적 대화를 더 지지적이고 긍정적인 방향으로 바꾸는 연습을 하라.

예를 들어 "이번 발표를 완전히 망쳤어."라는 말 대신 "발표가 내가 바랐던 만큼 잘 되지는 않았지만, 많은 걸 배웠고 다음에는 더 잘할 거야."라고 말해 보라. 처음에는 어색하게 느껴질 수 있지만, 계속해 나가라. 시간이 지나면서 더 자연스러워질 것이고 전반적인 관점이 변화할 것이다.

긍정적인 자아상을 구축하는 또 다른 핵심은 자신감 있게 행동하는 것이다. 자신감이 없을 때 어깨가 숙여지고, 팔짱을 끼며, 공간을 덜 차지하는 경향이 있다는 것을 알아챈 적이 있는가? 당신의 몸짓 언어는 단순히 감정을 반영할 뿐만 아니라 실제로 감정을 형성할 수 있다.

이는 사회심리학자 에이미 커디가 대중화한 "파워 포징" 개념의 전제이다. 그녀의 연구는 단 몇 분 동안이라도 확장된 개방적 자세를 취함으로써 자신감과 힘에 대한 느낌을 높일 수 있음을 보여준다. 중요한 회의나 긴장되는 상호작용 전에 양손을 엉덩이에 얹고 똑바로 서거나, 양팔을 V자 모양으로 머리 위로 뻗어보라. 얼마나 더 자신감 있고 유능하게 느껴지는지 놀라울 것이다.

물론 진정한 자신감은 내면에서 나온다. 성공하는 자신, 장애물을 극복하는 자신, 최고의 자신을 상상할 수 있어야 한다. 그 내적 이미지를 강화하는 강력한 연습법으로 "최고의 자기" 방법이 있다. 그 방법은 이렇다.

약 5년 후의 자신을 상상하되, 삶의 모든 것이 가능한 한 최선의 방향으로 흘러갔다고 가정하라. 당신은 가장 큰 목표를 달성했고 삶의 모든 측면에서 - 관계, 경력, 건강, 개인적 성장 - 되고 싶었던 사람이 되었다.

정말로 그 미래의 자신의 입장이 되어보라. 무엇을 하고 있는가?

기분이 어떤가? 누구와 함께 있는가? 가능한 한 생생하게, 모든 감각을 동원하여 그 장면을 그려보라. 최고의 자신에 대한 풍부한 디테일의 묘사를 적어보라.

이제 매일 몇 분씩 시간을 내어 눈을 감고 그 비전 속으로 들어가 보라. 그 자아실현된 자신이 되어보는 경험을 충분히 느껴보라. 이를 규칙적으로 하는 것은 낙관주의, 기분, 동기부여를 높이는 것으로 나타났다. 당신은 뇌를 그 고무적인 이미지를 지향하도록 준비시키고 있는 것이다.

자기 대화 관찰하기	자신감 있는 몸짓 언어	최고의 시각화
내적 독백에 주의를 기울이고, 비판적이고 부정적인 사고에 도전하여 지지적이고 긍정적인 내면의 목소리를 키워나가는 단계입니다.	개방적이고 확장된 자세를 연습하고, 자신감과 내적 힘을 높이는	5년 후 아... 모습을 풍... 상상하고... 을 생생히... 간을 가져... 상을 형성...

자신과의 관계를 발전시켜 나가면서, 함께하는 사람들에게도 주의를 기울여라. 당신이 최선의 모습을 보며 성장을 응원하는 긍정적이고 지지적인 사람들로 자신을 둘러싸고 있는가? 아니면 끊임없이 당신을 깎아내리고 불안감을 부추기는 유독한 우정이나 가족 관계를 참고 있는가?

부정적인 사람들을 완전히 피할 순 없겠지만, 경계를 설정하고 의도적으로 고양시키는 관계를 만들 수는 있다. 가치관을 공유하고 서로를 격려하는 멘토, 친구, 동료를 찾아라. 비슷한 목표를 향해 노력하는 사람들의 커뮤니티에 참여하여 서로 영감을 주고 격려하

자신 하기	긍정적 영향력의 관계 만들기	자기 사랑과 연민 유지하기
인 자신의 디테일로 그 비전 하는 시 적 자아 다.	함께 성장하는 멘토, 친구, 커뮤니티를 찾고 영감을 주는 콘텐츠로 마음을 채우며 배움과 기여의 기회를 지속적으로 추구합니다.	자신의 전체를 있는 그대로 수용하고, 완벽함 대신 성장에 초점을 맞추며, 힘든 순간에도 자신의 잠재력을 믿는 자기 사랑과 연민을 유지합니다.

라. 자존감을 키워주는 물리적 공간과 사회적 환경 모두를 만들어라.

또한 긍정적인 메시지로 마음을 채워라. 존경하는 사람들, 위대한 일을 성취하고 무엇이 가능한지 보여줄 수 있는 사람들의 책을 읽고, 강연을 보고, 팟캐스트를 들어라. 평생 배움을 추구하며 지식과 역량을 확장하는 학습자가 되어라. 성장할수록 자존감도 더욱 꽃필 것이다.

긍정적인 자아상 구축이 일회성 이벤트가 아니라 평생에 걸친 여정임을 인식하라. 당신이 진화함에 따라 자아 개념도 변화할 것이다. 자신을 의심하고, 넘어지고, 부족하다고 느낄 때가 있을 것이다.

그럴 때 자기 연민으로 돌아오라. 결점까지 모두 포함해 자신의 모든 것을 받아들이고 사랑하라. 모든 사람이 때로는 어려움을 겪고 실수를 한다는 것을 상기하라. 그것은 인간의 일부이다. 당신이 되고자 노력하는 사람, 당신이 만들고 싶은 변화라는 더 큰 이유와 다시 연결하라.

연습을 통해 자신에 대한 그 핵심 믿음으로 돌아오는 능력이 점점 향상될 것이다. 그리고 피할 수 없는 기복 속에서도 배우고, 기여하고, 독특한 자취를 남길 기회를 계속 추구할 것이다. 자신의 잠재력을 믿는 것이 성공의 시작이다. 그리고 그 확신이 당신을 얼마나 멀리 데려갈 수 있을지 한계는 없다. 헨리 포드가 말했듯이 "당신이 할 수 있다고 믿든, 할 수 없다고 믿든 - 당신은 옳다." 당신이 되어가는 비범한 사람을 믿기로 선택하라.

NLP로 만드는 성공 습관의 공식

성공이란 단숨에 이뤄지는 것이 아니라, 오랜 시간에 걸쳐 형성된 습관들의 결과물이다. 토니 로빈스는 이런 말을 했다. "우리가 가진 습관의 질이 곧 우리 인생의 질을 결정한다." 그렇다면 어떻게 해야 성공으로 이끄는 습관을 만들 수 있을까? 그 해답은 NLP에 있다.

NLP는 신경언어프로그래밍Neuro-Linguistic Programming의 약자로, 뇌와 언어의 관계를 심층적으로 이해하여 인간의 잠재력을 극대화하는 심리학적 기법이다. NLP에 따르면, 우리의 사고방식과 행동 습관은 모두 무의식에 각인된 패턴에 기인한다. 따라서 성공하는 사람들의 내면 패턴을 모방하고 체득함으로써, 누구나 탁월한 성과를 만들어낼 수 있다는 것이 NLP의 핵심 전제다.

NLP의 창시자 중 한 사람인 리처드 밴들러 박사는 이렇게 말했다. "당신이 어떤 결과를 원한다면, 그 결과를 만들어내는 사람을 찾아 그의 행동을 그대로 따라 하라." 이처럼 NLP는 탁월한 성취를 이뤄낸 사람들의 내적 과정과 행동 전략을 철저히 분석하고, 이를 체계적으로 배울 것을 강조한다.

NLP 기술을 습득하기 위한 첫걸음은 무의식의 작동 원리를 이해하는 것이다. 무의식은 일종의 자동조종장치와 같아서, 한 번 형성된 습관은 의식의 개입 없이도 반복된다. 안타깝게도 많은 사람들이 부정적이고 비생산적인 습관에 사로잡혀 있다. 변화에 대한 막연한 동경은 있지만, 실제로 습관을 바꾸기란 여간 어려운 일이 아니다.

하지만 NLP는 말한다. 지금 당장 바꿀 수 있으며, 또 바꿔야만 한다고. 인생의 질적 변화를 위해서는 도전과 노력이 필수불가결하다. 우선 자신에게 명확한 목표를 설정하고, 그것을 향한 긍정적 마인드셋을 가져야 한다. 원하는 결과를 구체적으로 상상하고, 마치 이미 성취한 것처럼 생생하게 느껴보는 것. 이것이 NLP식 성공 습관의 씨앗을 뿌리는 방법이다.

씨앗을 뿌렸다면 이제 물과 양분을 공급할 차례다. NLP는 이를

앵커링 기법

위해 다양한 기법들을 제공한다. 먼저 앵커링 기법을 사용해 보자. 이는 특정 신체 자극과 원하는 감정을 연결 짓는 것인데, 가령 주먹을 쥐는 동작과 성취감을 조건화시킨다면 실제 도전 과제 앞에서 힘을 얻을 수 있다.

세상을 바라보는 관점을 전환하는 것도 중요하다. 역경이나 실패를 긍정의 기회로 재해석하는 리프레이밍 기법은 습관 형성에 방해되는 심리적 장벽을 허무는 데 도움이 된다. "갈 수 없는 길이 있어 새로운 길을 찾았다"는 에디슨의 말처럼, 긍정의 프레임은 언제나 돌파구를 마련해준다.

습관 형성에 가장 강력한 영향을 미치는 요인은 아마도 환경일 것이다. 좋은 환경은 습관을 양성하고, 나쁜 환경은 습관을 망친다. 따라서 성공 습관의 형성을 위해서는 주변 환경의 설계가 필수적이다. 물리적으로는 습관 실천에 도움 되는 물건들을 곁에 두고, 방해물은 치우는 것이 좋다.

하지만 더 중요한 것은 심리적 환경이다. 꿈을 공유하고 서로 격려하는 동반자가 있다면 습관의 힘은 배가 된다. 반면 냉소와 비난이 난무하는 분위기라면 아무리 좋은 습관도 지탱하기 어려울 것이다. 때로는 습관의 적을 내 안에서 찾아야 할 수도 있다. 자기 확신과 동기부여야말로 성공 습관의 최고의 원동력이기 때문이다.

습관 형성의 요체는 사소한 성공의 경험을 쌓아가는 것이다. 거창한 목표를 세우기보다는 작은 실천을 매일 반복하라. 그러다 보면 어느덧 작은 습관들이 모여 거대한 성공을 이루게 될 것이다. 애초에 완벽한 습관이란 존재하지 않는다. 때로는 유연하게 습관을 조정하고 업그레이드해야 한다.

습관이 단순히 행동 차원에 머물러서는 안된다. 진정한 성공 습관이란 습관이 자아self의 일부가 될 때 완성되는 것이다. "나는 이런 사람이다"라는 정체성에 습관이 녹아들 때, 그것은 외부 환경에 흔들리지 않는 강력한 원천이 된다. 그래서 고도로 성공한 사람들에겐 이른바 승리의 습관이 체화되어 있는 것이다.

작은 생각의 씨앗들이 모여 운명의 숲을 이루듯, 개개인의 성공 습관들은 점점 더 나은 인생으로 우리를 이끈다. 또한 그 영향력은 개인을 넘어 사회와 세상 전체로 확산된다. 이처럼 습관 하나의 힘은 실로 위대하다. NLP는 바로 이 놀라운 잠재력을 일깨워 최고의 결실을 맺게 하는 지혜의 도구인 셈이다.

우리는 지금 이 순간에도 무의식적으로 어떤 습관을 만들어가고 있다. 1%의 변화가 나비효과가 되어 인생의 모든 것을 뒤바꿀 수 있음을 잊지 말자. 성공의 문을 여는 키는 언제나 우리 안에 있었다. NLP와 함께라면 그 힘을 마음껏 발휘할 수 있으리라 확신한다. 자, 이제 당신만의 성공 습관을 디자인해볼 일만 남았다. 과감히 도전하라. 그 길 끝에서 새로운 인생이 당신을 기다리고 있으니.

생각 관리의 일상화

생각 인식을 기르는 강력한 방법은 마음챙김 수련을 일과에 통합하는 것이다. 매일 명상에 전념할 시간을 따로 정해 호흡과 현재 순간에 집중하자. 이는 마음을 진정시키고, 스트레스를 줄이며, 정신을 맑게 한다. 일상적인 활동을 하면서도 주의를 산만하게 하는 요소를 피하고 해야 할 일에 온전히 주의를 기울이자. 개인 성장을 위한 안정적인 기반을 마련하기 위해 정기적인 마음챙김 수련을 포함하는 체계적인 일과를 세우자.

긍정적인 사고방식을 함양하는 것도 생각 관리의 핵심 요소이다. 매일 감사할 거리를 되새기면서 부정적인 면에서 관심을 돌리고 감사하는 태도를 견지하자. 인간의 삶은 닭의 삶과 크게 다르지 않다. 우리 모두에게는 잠재력을 제한할 수 있는 정신적 울타리가 있다. 그러나 의식적으로 생각을 재구성하고 감사를 실천함으로써 이런 제약에서 벗어나 더 큰 기쁨과 성취감을 맛볼 수 있다.

NLP에 뿌리를 둔 생각 재구성 기법은 제한적 신념을 강화하는 신념으로 전환하는 데 매우 유용하다. 부정적인 자기 대화를 식별하고 이를 더 건설적이고 자신감 있는 내적 대화로 대체하는 법을 배우자. 고정, 분리, 스위시 Swish 기법 등을 활용하면 감정 상태를 신속히 전환하고 회복탄력성이 높은 사고방식을 기를 수 있다. 꾸준히 연습하면 이런 기법이 제2의 천성이 되어 삶의 도전과제를 우아하고 융통성 있게 헤쳐 나갈 수 있다.

생각 관리를 목표 설정과 통합하는 것은 포부를 실현하기 위한 강력한 전략이다. 자신의 생각과 행동을 가장 소중한 가치와 우선순위에 맞추면 성공을 위한 명확한 로드맵을 만들 수 있다. 구체적이고 측정 가능하며 달성 가능하고 관련성 있고 기한이 정해진 SMART 목표를 세우고, 긍정적 독백과 시각화를 통해 꾸준히 목표를 강화하자. 목표를 추구하면서 어려움을 배움과 발전의 기회로 받아들이는 성장 사고방식을 견지하자.

강력한 사고 습관을 지속하려면 지지적인 환경을 만드는 것이 중요하다. 물리적 공간과 사회적 관계 양쪽에서 모두 고무적인 영향력을 주는 환경을 만들자. 명료함과 영감을 촉진하도록 거주 및 업무 공간을 정돈하고, 자연의 요소와 차분한 색상, 의미 있는 물건 등을 활용하자. 서로를 격려하고 동기부여하는 관계를 추구함으로써 상호 성장과 긍정성의 분위기를 조성하자.

매일 생각을 반추하는 의식을 갖는 것은 자기 인식과 정서적 안녕감을 높이는 혁신적인 수련법이다. 매일 조용한 시간을 따로 내어 자신의 생각과 감정, 경험을 일기로 쓰자. "오늘 무엇을 배웠는가?", "나 자신과 타인에게 어떻게 하면 더 많은 연민을 베풀 수 있을까?" 같은 사고를 자극하는 질문을 스스로에게 던져보자. 호기심과 판단하지 않는 자세로 성찰에 임하면서 통찰력이 저절로 떠오르게 하자.

자기성찰

생각 관리는 자기 발견과 성장을 위한 평생의 여정임을 잊지 말자. 인내심을 갖고 스스로에게 자비로운 마음으로 이 과정을 받아들이고, 그 속에서 이룬 진척을 축하하자. 이런 전략과 기법을 꾸준히 적용하다 보면 자신의 정신적 패턴에 대한 통찰력이 깊어지고 무한한 잠재력을 발휘하게 될 것이다. 토니 로빈스가 NLP의 변혁적 힘을 발견했듯이, 우리도 생각의 힘을 활용하여 목적과 성취, 비범한 성공으로 가득 찬 삶을 만들 수 있다.

인간의 정신은 현실을 형성하고 운명을 결정짓는 놀라운 도구다. 그러나 너무 자주 우리는 생각이 우리 삶에 미치는 심오한 영향을 인식하지 못한 채 생각을 자동 조종 상태로 내버려 둔다. 닭이 울타리에 갇혀 있듯 우리도 무의식과 스스로 부과한 신념의 경계에 갇혀 있다. 그러나 생각을 능동적으로 다스리고 긍정적 사고방식을 함양함으로써 이런 제약을 깨고 진정한 잠재력을 발휘할 수 있다.

생각 관리는 일회성 이벤트가 아니라 헌신과 일관성을 요하는 매일의 수련이다. 마음챙김, 감사, 재구성 기법을 일상에 통합함으로써 자신의 정신 지형에 대한 통찰력을 기르고 내면세계를 통제할 수 있다. 다른 기술과 마찬가지로 생각 관리는 수련을 통해 향상되며, 수련을 거듭할수록 더 자연스럽고 수월해진다.

이 혁신적 여정에 나서면서 혼자가 아니라는 사실을 명심하자. 역사적으로 수많은 사람들이 생각의 힘을 활용해 비범한 위업을 달성하고 도저히 극복할 수 없어 보이는 장애물을 이겨냈다. 토니 로빈스에서 오프라 윈프리에 이르기까지 성공한 사람들은 자신의 생각이 삶의 질에 직접적인 영향을 준다는 사실을 안다.

생각 관리를 매일의 의식으로 받아들임으로써 우리도 이런 고성과자의 대열에 합류하여 한계 없는 잠재력을 발휘할 수 있다. 우리 안에는 자신의 운명을 개척하고, 우리를 가로막는 울타리를 허물고, 풍요와 기쁨, 성취감으로 가득 찬 삶을 만들 힘이 있다. 필요한 것은 개인적 성장에 대한 의지와 생각을 통제하려는 의지뿐이다.

그러니 오늘부터 시작하자. 비범한 성공으로 가는 길로 첫걸음을 내딛고 정신의 힘을 마음껏 발휘하자. 매일 생각 관리 수련을 심화하면서 전에 없이 선명해진 자각과 목적의식, 흔들리지 않는 자신감을 발견하게 될 것이다. 자신만의 현실을 만드는 설계자가 되어 가장 깊은 가치와 포부에 부합하는 삶을 만들 수 있다.

7장

내 안의 보석을 찾아서

자기 이해, 성공으로 가는 첫걸음

우리의 무의식은 우리가 인지하는 것보다 훨씬 더 큰 역할을 한다. 당신의 무의식은 막대한 힘을 가지고 있어 당신의 현실을 결정하고 운명을 형성한다. 대부분의 사람들은 부정적인 사고방식에 얽매여 살아가며, 결코 진정으로 자유로워지지 못한다. 하지만 당신은 통제권을 가지고 자신의 마음을 다스릴 수 있는 능력이 있다.

마치 조련사가 야생 코끼리를 길들여 명령에 복종하게 하는 것처럼, 당신도 자신의 무의식을 길들이고 그 힘을 활용할 수 있다. 신경언어프로그래밍 NLP 기법을 통해 당신을 가로막는 제한적 신념과 인지적 왜곡을 식별하는 방법을 배우게 될 것이다. 이러한 자기 패배적 사고를 의식의 빛으로 밝히는 순간, 당신은 그것에 도전하고 재구성하기 시작할 수 있다.

예를 들어, 당신이 늘 최악의 시나리오를 상상하는 파국화 경향이 있다고 가정해 보자. 직장에서의 작은 좌절이 해고되고 거리에서 노숙하게 될 거라는 상상으로 번져간다. 그러나 이것이 현실적일까? NLP를 통해 이러한 부정적인 사고의 흐름을 멈추고 보다 균형 잡히고 건설적인 자기 대화로 대체하는 방법을 발견하게 될 것이다. "나는 실수를 했지만 그것으로부터 배울 수 있어. 상사는 내 기여를 소중히 여기고 있고, 한 번의 실수로 해고되지는 않을 거야."

시간이 지남에 따라 당신은 뇌를 재배선하여 낙관적이고 회복력 있는 마음가짐을 뒷받침하는 새로운 신경 경로를 형성할 것이다. 마치 물이 점차 단단한 바위를 깎아 장엄한 그랜드 캐니언을 형성하듯이, 꾸준한 연습은 당신의 정신적 풍경을 심오하게 변화시킬 것이다. 이전에는 장애물과 한계를 보았던 곳에서 기회와 가능성을 인식하기 시작할 것이다.

물론 이 과정은 항상 쉽지만은 않다. 당신의 무의식은 수년, 심지어 수십 년 동안 같은 부정적인 대본을 실행해 왔다. 보다 힘이 되는 내적 독백을 심어주는 데에는 인내와 끈기가 필요할 것이다. 그러나 그만한 가치가 있다. 일단 자신의 마음을 지배하게 되면 인생을 지배하게 되기 때문이다.

NLP를 통해 자기 의심, 두려움, 비관주의를 물리치는 방패막이 역할을 하는 흔들리지 않는 긍정적 태도를 기를 것이다. 장애물이 나타나면 앞으로 나아갈 힘을 내면의 힘으로 찾게 될 것이다. 타인이 자신의 불안감과 부정성을 당신에게 투사할 때 그대로 튕겨 나갈 것이다. 흔들림 없는 자신감과 열정이 당신의 기본 상태가 될 것이다.

그러나 마음가짐을 바꾸는 것의 가장 큰 선물은 아마도 그것이 인생의 모든 측면을 고양시키는 방식일 것이다. 당신은 보다 사랑이 많은 배우자, 보다 인내심 많은 부모, 보다 연민 어린 친구가 될 것이다. 당신은 더 큰 독창성과 불굴의 정신으로 일에 매진하여 성공과 풍요를 이끌어낼 것이다. 생각을 바꿀 때 세상을 바꾸게 된다.

이 변화가 하룻밤 사이에 일어나지 않을 거라는 사실을 명심하라. 근면과 헌신이 요구된다. 그러나 그 힘은 당신의 손에 있다. 오직 당신만이 정신적 감옥의 열쇠를 가지고 있다. 감히 새장의 자물쇠를 열고 잠재력을 마음껏 발휘할 수 있겠는가? 일어서서 정당한 몫인 비범한 삶을 주장하겠는가?

선택은 당신의 몫이다. 하지만 한계를 뛰어넘어 자신만의 방식으로 살 준비가 되어 있다면 NLP가 해방의 길이 될 것이다. 부정성의 족쇄에서 스스로를 자유롭게 하라. 감히 바다처럼 광활하고 태양처럼 눈부신 생각을 하라. 당신의 힘을 받아들이고 세상이 변화하는 것을 경이롭게 지켜보라. 당신의 미래는 오직 상상력에 의해서만 제한된다. 얼마나 높이 날아오를 수 있을까?

1. Identifying Strengths: Discovering Your Unique Talents

"당신은 실패할 수 없다는 것을 알고 있다면 무엇을 시도하겠습니까?" 로버트 H. 슐러가 제시한 이 강력한 질문은 우리의 잠재력의 깊이를 탐구하고 내면에 숨겨진 독특한 강점을 발견하도록 초대한다. 우리 각자는 적절하게 활용될 때 상상할 수 없는 성공으로 이끌 수 있는 고유한 재능과 능력을 지니고 있다. 자기 발견의 여정은 내면을 들여다보고 자신을 특별하게 만드는 자질을 받아들이려는 의지에서 시작된다.

어린시절의 순수한 기쁨

어린 시절로 거슬러 올라가 순수한 기쁨과 자연스러운 몰입을 가져다주었던 활동들을 떠올려 보라. 어쩌면 당신은 그림 그리는 세상에 빠져 종이 위에 자신의 비전을 생생하게 구현하며 상상력을 마음껏 발휘했을 지도 모른다. 또는 이웃 간의 게임을 조직하면서 자연스럽게 리더의 역할을 맡아 모두를 하나로 모았을 수도 있다. 이러한 초기 성향은 타고난 강점을 이해하는 열쇠가 되곤 한다.

인생을 살아가면서 당신에게 활력을 주고 시간 가는 줄 모르게 만드는 일에 주목하라. 활동에 완전히 몰입하여 몰입 flow 의 상태에 빠져들 때, 그것은 당신이 고유한 재능을 발휘하고 있다는 분명한 신호이다. 이런 순간을 포착하고 타고난 능력과 일치하는 추구를 적극적으로 찾아 나서라.

당신을 가장 잘 아는 사람들로부터 피드백을 구하는 것 또한 강점에 대한 귀중한 통찰을 제공할 수 있다. 친구, 가족, 동료들에게 그들이 인식하는 당신의 두드러진 자질이 무엇인지 물어보라. 그들의 관찰은 당신이 간과했거나 당연하게 여겼을 수 있는 재능에 대해 새로운 시각을 제시할 수 있다. 때로는 너무나 자연스러워 거의 눈치채지 못하는 것이 우리의 가장 큰 강점이라는 사실을 명심하라.

마커스 버킹엄의 말처럼 "자신이 좋아하지 않는 일을 발견하고 그만두라." 약점과 고군분투하는 영역을 파악함으로써 강점 계발과 연마에 초점을 맞추고 에너지를 집중할 수 있다. 모든 것을 잘할 필요는 없다는 생각을 받아들이라. 대신 자연스럽게 잘하는 재능을 발전시키고 다듬는 데 전념하라.

이 자기발견의 여정을 시작하면서 강점은 고정되거나 제한된 것이 아니라는 사실을 기억하라. 헌신과 연습을 통해 우리는 계속해서 능력을 향상시키고 확장할 수 있다. 스스로에게 도전하고, 안전지대를 벗어나 개인적, 직업적 발전을 위한 새로운 길을 모색할 기회를 찾으라.

2. Leveraging Strengths: Unleashing Your Unique Power

고유한 강점에 대한 깊은 이해를 바탕으로, 이제는 목표 달성과 꿈의 실현을 위해 전략적으로 강점을 활용할 때다. 자연스러운 재능과 완벽하게 부합하는 도전 과제를 매일 열정적으로 헤쳐나가는 세상을 상상해 보라. 강점이 성공으로 이끌 것이라는 확신 속에 장애물을 자신감 있게 극복해 나가는 세상 말이다. 이것이 바로 강점 활용의 힘이다. 강점은 우리가 잠재력을 최대한 발휘하여 목적과 성취감으로 가득 찬 삶을 만들어낼 수 있게 해준다.

강점을 효과적으로 활용하는 가장 좋은 방법 중 하나는 타고난 능력과 부합하는 직업적 목표를 세우는 것이다. 재능을 십분 발휘할 수 있는 노력을 기울일 때, 우리는 한층 높아진 동기부여와 몰입을 경험하게 된다. 시간 가는 줄 모르고 주어진 일에 완전히 빠져드는, 일명 몰입 flow의 상태에 이르게 되는 것이다. 강점과 목표 사이의 이러한 조화는 성공 가능성을 높일 뿐 아니라 일에 깊은 만족감과 기쁨을 가져다준다.

강점을 효과적으로 보여주기 위해서는 성과와 성공의 증거를 수집하는 것이 중요하다. 크고 작은 업적들을 기록하고, 다른 이들과 공유할 준비를 하라. 여기에는 성공적으로 완수한 프로젝트, 받은 상, 동료나 고객으로부터의 긍정적인 피드백 등이 포함될 수 있다. 실제 강점 발휘의 결과를 보여줌으로써 우리는 신뢰성을 구축하고 주변 사람들에게 자신감을 불어넣을 수 있다.

하지만 강점 활용은 일회성 이벤트가 아니다. 그것은 지속적인 노력과 헌신을 요구한다. 재능을 강화하고 연마할 기회를 끊임없이 모색하라. 워크숍에 참석하고, 책을 읽고, 능력을 새로운 차원으로 끌어올리는 도전 활동에 참여하라. 강점은 고정된 것이 아니라 시간이 지남에 따라 발전하고 확장될 수 있다는 성장 마인드셋을 가지라.

도전과 좌절에 직면할 때, 강점은 우리의 가장 큰 자산이 된다. 장애물에 부딪혔을 때 자신에게 물어보라. "이 난관을 극복하기 위해 내 고유의 재능을 어떻게 활용할 수 있을까?" 강점의 렌즈를 통해 문제에 접근함으로써 우리는 혁신적인 해결책을 얻고 역경을 기회로 바꾸는 방법을 찾을 수 있다.

강점을 지속적으로 활용하다 보면 마음가짐과 전반적인 웰빙에 커다란 변화가 일어나는 것을 느끼게 될 것이다. 타고난 능력을 뽐내는 활동에 적극 참여하면서 자신감이 높아지는 경험을 하게 된다. 강점이 빛을 발하고 인정받는 역할과 환경으로 자연스럽게 이끌리게 될 것이다. 그리고 아마도 가장 중요한 점은 고유한 재능을 활용하여 의미 있는 임팩트를 창출하고 있다는 깊은 목적의식과 성취감을 발견하게 된다는 것이다.

3. Acknowledging Weaknesses: Embracing Your Human Side

완벽함과 흠 없는 퍼포먼스를 추구하는 세상에서 약점을 인정하고 인간적인 면모를 받아들이는 것은 용기가 필요한 일이다. 우리는 흠결을 감추고, 세련된 겉모습을 세상에 내보이며, 도달할 수 없는 이상향을 좇으라는 가르침을 받아 왔다. 하지만 진정한 힘은 인간다움을 수용하고, 약점 또한 우리 존재의 본질적 일부임을 인식하는 데에서 나온다.

약점을 인정할 때, 우리는 개인적 성장과 자기 계발의 문을 열게 된다. 부족한 부분과 맞서 싸움으로써 배우고, 적응하고, 진화할 기회를 만들어내는 것이다. 약점을 성공의 장벽으로 바라보는 대신, 최고의 자신이 되는 길에 놓인 디딤돌로 여길 수 있다.

약점포옹

  약점을 껴안는 것은 또한 진정성과 연약함을 길러내는 발판이 된다. 자신의 한계를 솔직히 털어놓을 때, 우리는 타인이 더 깊은 차원에서 우리와 교감하도록 초대하는 셈이다. 공감, 이해, 진실한 유대감이 싹틀 수 있는 공간을 창조하게 되는 것이다. 피상적이고 단절된 느낌의 세상에서 약점을 인정하는 것은 의미 있는 관계 형성을 위한 강력한 도구가 될 수 있다. 더 나아가 약점을 받아들이는 것은 깊은 자기 인식과 겸손함으로 이어질 수 있다. 완벽하지 않다는 사실을 인지할 때, 우리는 타인의 강점과 기여에 대해 한층 더 감사할 줄 알게 된다. 협력하고, 필요할 때 도움을 구하며, 우리 주변 사람들의 다양한 관점과 능력을 소중히 여기는 법을 배우게 되는 것이다.

약점을 인정한다고 해서 그것에 연연하거나 약점에 자신을 규정짓는 것은 아니다. 오히려 약점을 여정의 일부로 받아들이고 강점 계발에 힘을 실어주는 것을 의미한다. 완벽함의 짐에서 벗어나 진정한 자신의 모습으로 살아갈 자유를 얻게 되는 셈이다.

4. Transforming Weaknesses: Turning Flaws into Opportunities

약점을 인정하는 것이 개인적 성장의 핵심 단계라면, 약점이 영구적인 한계가 아니라는 점을 인식하는 것 또한 중요하다. 올바른 마음가짐과 접근법으로 우리는 결점을 성장과 발전의 기회로 탈바꿈시킬 수 있다.

약점을 변화시키는 첫걸음은 관점을 재구성하는 것이다.

NLP로 여는 내면의 창

우리는 종종 삶의 소용돌이 속에서 자신을 잃어버리곤 한다. 하지만 자기 자신과의 깊은 만남 없이는 진정한 행복과 성취를 이루기 어렵다. 신경언어프로그래밍 NLP은 우리 내면의 세계를 탐구하고 이해하는 강력한 도구를 제공한다. NLP 기술을 통해 자기 인식을 높이고, 잠재력을 발견하며, 자아 성찰의 길을 걸을 수 있다.

우리의 내면세계는 생각, 감정, 신념이 교차하는 복잡한 영역이다. 이 내면의 풍경은 우리의 경험을 형성하고 정체성을 규정한다. 하지만 대부분의 사람들은 자신의 내면을 제대로 들여다보지 않은 채 살아간다. 마치 자동조종 장치에 맡긴 것처럼 습관적인 사고와 행동 패턴을 반복한다. NLP는 이러한 무의식적인 패턴을 인식하고 변화시킬 수 있는 실질적인 방법을 알려준다.

내면 탐구의 첫걸음은 자신의 생각을 객관적으로 관찰하는 것에서부터 시작된다. 우리의 마음은 끊임없이 수다를 떨며, 감정과 행동에 영향을 미치는 내적 대화를 만들어낸다. NLP는 이런 내적 대화를 판단이나 집착 없이 바라보는 법을 가르쳐 준다. 생각을 의식적으로 관찰함으로써 우리를 제한하는 사고 패턴과 믿음을 파악할 수 있게 된다.

핵심 신념을 발견하는 데 효과적인 NLP 기법 중 하나가 "신념 변화" 과정이다. 이는 "나는 능력이 부족해"와 같은 제한적 신념을 찾아내 그 타당성에 의문을 제기하는 방식으로 이뤄진다. 이 신념을 뒷받침하거나 반박하는 증거를 살펴봄으로써, 그것이 단지 하나의 생각일 뿐 절대적 진실이 아님을 깨닫게 된다. 그렇게 제한적 신념을 "나는 성공할 만한 자격과 능력이 있어"와 같이 더 긍정적이고 힘을 실어주는 신념으로 대체할 수 있다.

자기 발견의 또 다른 중요한 측면은 자신의 가치관과 우선순위를 이해하는 것이다. 가치관은 우리의 결정과 행동을 이끄는 지침이 된다. 가치관을 명확히 함으로써 진정으로 중요한 것에 삶을 일치시킬 수 있고, 이는 더 큰 성취감과 목적의식으로 이어진다. NLP는 "가치관 도출"과 같이 가장 중요한 것이 무엇인지 알아내기 위한 일련의 질문을 통해 가치관을 이끌어내고 우선순위를 매기는 다양한 기법을 제공한다.

내면의 깊은 곳을 탐구하다 보면 그동안 회피하거나 억압해 온 감정과 경험을 마주하게 될 수도 있다. NLP는 이런 내면의 조각들을 처리하고 통합할 수 있는 도구를 제공한다. 대표적인 것이 "부분 통합" 기법인데, 이는 모험을 갈망하는 부분과 안전을 추구하는 부분처럼 서로 갈등하는 내면의 부분들을 찾아내는 것에서 출발한다. 이 부분들 간의 대화를 촉진함으로써 조화로운 내면세계를 만들어갈 수 있는 해법을 모색할 수 있다.

자기 연민도 자기 발견의 필수 요소이다. 우리 대부분은 스스로에 대한 가장 가혹한 비평가가 되곤 한다. 자신의 결점과 실패를 끊임없이 판단하고 비난한다. NLP는 우리 자신과 더 자비롭고 용서하는 관계를 발전시키는 법을 가르친다. 자신을 친절과 이해로 대할 때 오래된 상처를 치유하고 더 긍정적인 자아상을 키워갈 수 있다.

궁극적으로 자기 발견의 목표는 조건화와 사회적 기대의 층계 아래 숨겨진 참된자기, 즉 고유한 본질을 찾아내는 것이다. NLP는 이 여정을 위한 길잡이가 되어준다. 겹겹이 쌓인 가면을 벗겨내고 진정한 자아와 연결될 수 있는 기술을 전수한다. 우리 자신을 더 온전히 알고 받아들일수록 더 진실되고 창의적이며 기쁨에 찬 삶을 살아갈 수 있다.

자기 발견의 여정이 언제나 순탄하지만은 않다. 하지만 그 보상은 이루 말할 수 없이 값지다. NLP 기법을 활용해 내면세계를 탐구하면 자신과 세상에 대한 더 깊은 통찰을 얻을 수 있다. 제한적 신념을 극복하고, 가치관과 우선순위를 분명히 하며, 힘든 감정을 다스리고, 자기 연민을 기를 수 있다. 내면의 창이 열리면서 우리는 내면에 숨겨진 지혜와 힘, 아름다움에 놀라게 될 것이다. 그러므로 여러분께 자기 발견이라는 놀라운 변화의 여정에 동참할 것을 권유한다. NLP라는 강력한 도구를 지니고 있으니, 여러분은 내면의 잠재력을 끌어내어 진정 본연의 모습대로 충만한 삶을 창조할 힘이 있다. 내면 풍경을 가로지르는 험난한 길목을 지날 때에는 호기심과 연민, 용기를 잃지 말라. 그 과정을 믿어라. 아무리 도전적

인 순간이라 해도 한 걸음 한 걸음 진정한 자신에게로 다가서고 있음을 명심하라.

자기 발견의 열매는 참으로 값을 매길 수 없다. 자신을 더 온전히 알고 받아들일수록 더 큰 평화, 목적의식, 연결감을 경험할 수 있다. 삶의 도전과 기회를 다루는 데 더 잘 무장될 것이며, 타인과 의미 있는 관계를 만들어갈 수 있을 것이다. 당신 안에 언제나 존재했으나 아직 발견되지 않았던 창의성, 직관력, 지혜의 샘에서 솟아나는 물을 마시게 될 것이다.

이제 깊게 숨을 내쉬고, 내면세계로 통하는 문턱을 넘으라. 일생일대의 여정이 당신을 기다리고 있다. NLP를 나침반 삼아, 내면에서 시작하는 삶의 혁명을 이뤄갈 힘을 가졌으니, 당신의 가장 깊은 열망과 무한한 가능성이 투영된 당신만의 현실을 창조하라. 내면의 창이 활짝 열려 있다. 용기 내어 그 안으로 발을 내딛기만 하면 된다.

당신의 내면에는 오래전부터 참된 자유와 힘, 사랑이 깃들어 있었다. 그저 그늘에 가려져 있을 뿐이었다. 자기 발견의 빛을 비추면 어둠이 걷히고 내면의 진주가 반짝반짝 빛날 것이다. NLP라는 조명을 들고 내면의 미지 세계로 모험을 떠나라. 가장 경이롭고 신비로운 발견, 당신 자신을 만나게 될 테니까.

올곧이 자신을 응시하는 용기 있는 자만이 진정한 성장의 선물을 얻는다. 그 길에는 두려움과 아픔도 있겠지만 피할 수는 없다. 도전에 맞서 이를 극복해나갈 때 우리는 한층 성장하고 단련되니까. 우리는 누구나 내면의 그늘과 빛을 동시에 지니고 있다. 부족한 자신을 직면하는 일, 우리를 옥죄는 신념의 틀에서 벗어나는 일은 결코 녹록치 않다. 하지만 그 여정을 통해 우리는 우리 안의 더 높고 깊은 잠재력을 발견하게 된다. 우리를 가두고 있던 한계가 사실은 허상에 불과했음을 깨닫게 된다.

상상해 보라. 내면의 가치와 재능에 따라 당당하게 꿈을 향해 나아가는 당신을. 자신만의 고유성을 온전히 표현하며 타인과 깊이 소통하는 당신을. 그 얼마나 충만하고 자유로운 인생이 펼쳐질까?

내면의 창을 활짝 열어젖히고 마음껏 자신을 탐험하라. 길을 잃을까 두려워 말고 호기심을 품고 전진하라. 가끔 넘어지고 깨질지라도 포기하지 마라. 그 모든 좌절과 깨달음이 내면의 눈을 뜨게 해줄 테니까. 어느새 당신은 자신을 알아가는 즐거움, 내면의 풍요로움에 매료될 것이다.

자기 성찰, 내면의 길을 걷는 용기

자기 성찰은 인생이라는 길을 걸어가는 우리에게 있어 나침반과 같은 역할을 한다. 삶의 소용돌이 속에서 자신의 존재감을 잃어버리고 진정한 목적을 잊기 쉽기에, 내면의 길을 걷는 용기가 필요한 것이다.

나 역시 내면의 탐구 과정에서 가장 큰 도움이 된 도구는 성찰 일지를 쓰는 것이었다. 매일 원하는 목표와 경험, 통찰, 아이디어들을 기록하면서, 나는 내 생각을 정리하였고, 매 순간이 주는 교훈을 이해할 수 있었다.

신경언어프로그래밍 NLP의 해리 Dissociation 기법을 활용한 것도 자

내면의 빛

기 성찰을 심화하는 데 큰 도움이 되었다. 정신적으로 한 걸음 떨어져서 나의 생각과 감정을 관찰하면, 내 현실을 만들어내는 패턴과 신념을 새롭게 알 수 있었다.

해리를 통해 나는 두려움이나 불안, 나를 제한하는 생각들을 알아차릴 수 있었다. 이런 생각들을 긍정적으로 재구성하고, 힘을 주는 동작과 연결 짓는 과정에서 점차 내 사고방식이 변화하고 숨겨진 잠재력이 발현되기 시작했다.

불완전한 모습을 성장의 기회로 받아들이는 것, 그것이 변화의 핵심임을 깨닫게 되었다. 호기심과 수용의 자세로 내면을 대할수록, 진정한 나를 이해하고 받아들이는 것이야말로 변화의 시작임을 체감했다.

성찰의 시간을 거듭하고 NLP 기술을 적용해 나가면서, 삶의 굵직한 변화를 느낄 수 있었다. 나 자신의 감정에 귀 기울이고 타인의 필요에 공감하게 되면서, 인간관계가 더욱 깊어졌다. 내적 가치와 연결된 일에 몰두하게 되면서, 교수로서의 일도 새로운 의미를 띠게 되었다.

무엇보다 이전에는 결코 느껴보지 못했던 내적 평화와 충만함을 발견하게 되었다. 내면을 탐색하고 진정한 가치에 따라 행동하면서, 진실되고 목적 있는 삶을 살아갈 용기를 얻은 것이다.

우리는 평생 성장하고 진화하는 존재이기에 자기 성찰의 여정에는 끝이 없을 것이다. 하지만 성찰을 습관화하고 NLP의 도구를 활용함으로써, 앞으로 맞이할 도전과 성취를 슬기롭게 헤쳐나갈 지혜와 회복력을 기를 수 있을 것이다.

노자의 말처럼 "남을 아는 것은 지혜요, 자신을 아는 것은 참된 지혜다. 남을 이기는 것은 힘이요, 자신을 이기는 것은 참된 힘이다." 용기 내어 자기 성찰의 길을 걷는 순간, 우리는 무한한 잠재력과 성취의 문을 열게 될 것이다. 그러니 내면으로 향하는 여정을 시작하자. 그곳에서 우리는 최고의 자신을 만나게 될 테니까.

8장

성장에 끝은 없다

배움에는 끝이 없다

우리는 놀랄 만큼 빠른 속도로 변화하는 시대를 살고 있다. 기술의 발전과 정보의 홍수 속에서 평생 동안 학습하는 자세는 더 이상 선택이 아닌 필수가 되었다. 하루가 다르게 쏟아지는 새로운 지식과 기술을 따라잡기 위해서는 끊임없이 배우고 성장하려는 열정이 필요하다. 그렇다면 어떻게 해야 평생 학습자로서의 마음가짐을 갖출 수 있을까?

먼저 부단한 배움의 자세로 평생 학습에 임해야 한다. 나이와 상관없이 배움에 대한 갈증을 늘 품고 있어야 한다. 인생의 어느 순간에도 우리는 학습을 멈추어서는 안 된다. 독학과 수강, 체험과 성찰 등 다양한 방식으로 배움의 기회를 찾아야 한다. 토니 로빈스의 사례처럼 새로운 분야에 도전하는 용기와 열정도 필요하다. 그는 단기간에 NLP 기술을 익혀 사람들을 돕고자 했던 열의를 보여주었다. 우리도 이처럼 학습에 대한 갈망을 잃지 않는 것이 중요하다.

다음으로 고정관념에서 벗어나 유연한 사고를 길러야 한다. 평범한 생각에 안주하는 순간 우리는 성장을 멈추게 된다. 늘 열린 자세로 새로운 생각과 관점을 받아들일 준비가 되어 있어야 한다. 고정 관념의 틀을 깨는 다양한 경험이 도움이 된다. 여행을 통해 새로운 문화를 접하고, 취미 활동으로 재능을 발견하며, 독서와 사색으로 사고를 확장하는 시도들이 필요하다. 이런 과정을 통해 경직된 사고에서 벗어나 창의적이고 유연한 생각을 할 수 있게 된다.

또한 호기심을 잃지 않는 것이 중요하다. 어린 시절 우리가 가졌던 순수한 궁금증을 되살려야 한다. 세상을 향한 물음을 멈추지 말아야 한다. 일상의 풍경 속에서 놓치기 쉬운 아름다움과 진리를 발견하려는 노력이 필요하다. 세상을 주의 깊게 관찰하고 작은 감동에도 마음을 열 줄 알아야 한다. 부모와 교육자로서 아이들의 호기심을 자극하고 격려하는 것도 잊지 말아야 할 과제다. 우리 앞에 펼쳐진 세상 그 자체가 경이로운 학습의 장이라는 사실을 깨달아야 한다.

평생 학습을 위해서는 스스로 학습 설계를 할 수 있는 자기주도 학습 역량이 필수적이다. 수동적으로 주입받는 지식이 아니라 능동적으로 찾아 배우는 자세를 가져야 한다. 자신에게 가장 적합한 학습 방식과 자원을 찾는 노력이 선행되어야 한다. 장기적 관점에서 학습 목표와 계획을 세우고, 꾸준히 실행해 나가는 인내심도 필요하다. 습득한 지식을 삶에 적용하고 내재화하는 과정을 통해 진정한 성장을 이룰 수 있다.

이 시대는 다양한 배움의 기회로 넘쳐난다. 온라인 교육 플랫폼의 발달로 시공간의 제약 없이 원하는 강의를 들을 수 있게 되었다. 명사들의 삶의 지혜가 담긴 책자와 영상 자료도 손쉽게 구할 수 있다. 이런 학습 자원을 적극 활용할 때 배움은 더욱 풍성해진다. 여기에 몸소 체험하며 얻는 경험의 가치도 잊지 말아야 한다. 다양한 현장을 누비고 세계 각국의 문화를 접하며 얻는 깨달음은 어떤 강의보다 소중하다.

평생 학습의 중요성이 어느 때보다 강조되는 시대, 자신의 무지를 겸허히 인정하고 늘 배우려는 자세를 견지해야 한다. 어제의 나와 오늘의 나는 다르고, 오늘의 나와 내일의 나 역시 달라야 한다. 우리는 영원한 미완성의 상태로 존재한다. 그 어느 순간에도 온전히 완벽할 수 없기에 평생에 걸쳐 배우고 성장해야만 한다.

진정한 학습은 행동의 변화로 이어질 때 비로소 완성된다. 학습을 통해 얻은 깨달음을 삶에 적용하고 실천하려는 의지가 있어야

한다.

　이제 새로운 배움의 항해를 시작해보자. 호기심을 돛으로 삼아 지식의 바다로 나아가자. 때로는 풍랑을 만나 좌절할 수 있고, 때로는 암초에 부딪혀 실수를 저지를 수 있다. 하지만 포기하지 말자. 우리의 가슴 깊은 곳에는 성장에 대한 열망이 자리잡고 있음을 잊지 말자. 설렘과 두려움이 공존하는 미지의 세계로 향하는 모험, 바로 그것이 평생 학습의 진수이다. 우리 모두 학습의 항해사가 되어 더 나은 내일을 향해 전진하자. 평생을 배우고 성장하며, 진화하는 존재로 살아가자. 그것이 우리에게 주어진 가장 아름다운 도전이자 축복임을 깨달을 때, 비로소 우리는 인생이라는 위대한 스승을 온전히 마주할 수 있을 것이다.

변화는 곧 기회다

우리는 살아가면서 수많은 변화와 도전에 직면하게 된다. 변화의 물결 속에서 어떤 이들은 좌절하고 주저앉지만, 또 다른 이들은 오히려 기회를 발견하고 성장의 계기로 삼는다. 이처럼 변화를 대하는 자세에 따라 우리의 삶은 전혀 다른 방향으로 흘러갈 수 있다. 그렇다면 변화를 기회로 받아들이고 도전을 즐기는 열린 마음가짐은 어떻게 기를 수 있을까?

세계적인 자기계발 전문가 토니 로빈스 Tony Robbins 는 NLP를 배우기 위해 6개월짜리 자격증 과정에 등록했던 경험을 회상하며, 불편함이야말로 성장의 핵심 요소라고 강조한다. 새로운 분야에 발을 들이면 처음에는 낯설고 불편할 수밖에 없다. 하지만 그 불편함에

몸을 맡기고 과정에 깊이 몰입할 때, 우리는 비로소 우리 안의 숨겨진 잠재력을 발견하고 그것을 꽃피울 수 있게 된다.

불편함을 기꺼이 받아들이는 태도는 우리의 한계를 뛰어넘고 두려움을 극복하게 해준다. 마치 나비가 고치를 깨고 나오기 위해 안간힘을 쓰듯, 우리도 불편함을 뚫고 나아갈 때 비로소 한층 더 강하고 현명해질 수 있다. 불편함은 새로운 경험과 사고방식, 관점을 향해 나아가게 하는 추진력이 된다.

이처럼 변화와 도전을 대하는 태도를 전환하면, 장애물조차 위대함으로 향하는 디딤돌로 여길 수 있다. 어려운 문제에 부딪혔을 때 그저 불평하고 불만을 토로하기보다는, 문제의 본질을 파악하고 창의적 해결책을 모색하는데 집중한다면 그 자체로 엄청난 성장의 기회가 될 수 있다.

물론 변화를 긍정적으로 바라보는 것만으로는 부족하다. 회복탄력성을 기르는 것 또한 변화의 시대를 살아가는 우리에게 필수불가결한 덕목이다. 무엇보다 자기 인식이 중요하다. 우리의 생각과 감정, 행동에 대해 깊이 이해할수록 스트레스와 불확실성에 효과적으로 대처할 수 있는 전략도 세울 수 있기 때문이다. 그런 점에서 명상이나 호흡법, 일기 쓰기 같은 활동은 격변의 순간에도 우리를 지탱해주는 닻이 되어준다.

나아가 도전을 배움과 발전의 기회로 여기는 '성장 마인드셋'을 갖는 것이 중요하다. 우리의 역량은 언제든 개발하고 향상시킬 수 있다고 믿을 때, 우리는 새로운 경험과 관점에 한층 더 개방적이 되고 역경 속에서도 배움에 집중할 수 있게 된다.

무엇보다 회복탄력성을 기르는 데 있어 주변 사람들의 지지와 격려가 큰 힘이 된다. 어려운 시기를 함께 버텨내고 서로 조언과 위로를 건넬 수 있는 든든한 지원망을 구축하는 것, 그것이야말로 변화의 풍랑 속에서도 꿋꿋이 버텨낼 수 있는 원동력이 아닐까.

스탠퍼드대 심리학과 교수 캐럴 드웩 Carol Dweck은 우리가 성장에 대해 어떤 신념을 갖고 있느냐가 삶의 모습을 좌우한다고 말한다. 능력은 타고나는 것이라는 고정 마인드셋으로는 결코 우리의 잠재력을 온전히 발휘할 수 없다. 반면 '할 수 있다'는 신념 하나로 불가능해 보이던 일도 해내게 된다.

성장 마인드셋을 갖기 위해서는 사고방식의 전환이 필요하다. 단기적 성과에 연연하기보다는 끊임없는 개선의 여정에 가치를 두어야 한다. 건설적인 피드백을 성장의 기회로 여기고 그로부터 배우려는 자세를 견지해야 한다.

특히 기업가 정신을 발휘하는 데 있어 성장 마인드셋은 필수적이다. 불확실성이 상존하는 세상에서 창의적으로 모험을 감행하고,

실패를 교훈 삼아 혁신을 거듭하려면 한계를 뛰어넘을 수 있다는 믿음이 바탕이 되어야 한다.

변화무쌍한 세상을 살아가는 우리에게 적응력 또한 필수 덕목이다. 새로운 환경에서 살아남고 번성하려면 빠르게 변화에 대응하고 혁신할 줄 알아야 한다. 적응력은 단순히 살아남기 위한 생존 전략이 아니다. 그것은 변화를 기회로 삼아 더 나은 미래를 개척해나가는 혜안이자 역량이다.

변화에 적응하는 데 있어 가장 큰 걸림돌은 "원래 이렇게 해왔는데"라는 고루한 사고방식에 있다. '현상 유지'에 대한 집착에서 벗어나 새로운 방식을 과감히 도입할 때 우리는 비로소 한 단계 더 도약할 수 있는 발판을 마련하게 된다. 물론 그 과정에서 위험 부담도 어느 정도 감수해야 한다.

적응력은 조직 차원에서도 매우 중요하게 요구된다. 변화에 민첩하게 대응하고 지속적 혁신을 도모하려면 개방적 사고를 장려하고 구성원들의 자기계발을 뒷받침할 수 있는 문화를 조성해야 한다.

한편 적응력이란 단번에 습득되는 기술이 아니다. 끊임없이 새로운 지식을 탐구하고 다양한 관점을 두루 섭렵하면서 우리는 통찰력과 유연성을 키워갈 수 있다. 불확실성 속에서도 침착함을 잃지 않고, 역경 속에서도 가능성의 불씨를 발견하는 혜안 또한 적응력의 핵심 요소다.

우리가 성장해나가는 과정을 기록하고 책임감을 갖는 것도 도움이 될 수 있다. 작은 실천 하나하나가 모여 결국 우리를 유연하고 강인한 존재로 단련시켜줄 것이다.

변화를 받아들이는 일은 결코 쉽지 않다. 익숙한 영역을 벗어나 미지의 세계로 발을 내딛는 일은 두려움과 불안을 동반하기 마련이다. 하지만 우리가 한계를 뛰어넘고 진정한 잠재력을 발휘하는 유일한 길은 바로 그 불편함 속으로 뛰어드는 것이다.

직장인에서 교수로 변했던 나의 여정을 돌이켜보면, 내가 마주한 모든 도전은 배움과 성장의 기회였음을 깨닫게 되었다. 좌절의 순간마다 오히려 내 안의 단단한 무언가를 발견했고, 그것을 토대로 한 걸음 더 전진할 수 있었다.

당신에게도 불편함을 기꺼이 껴안을 용기를 권하고 싶다. 한계에 부딪힐 때마다 가능성의 문이 열리는 순간임을 믿으며 앞으로 나아가길 바란다. 그 여정을 묵묵히 지지하고 응원해줄 동반자들을 곁에 두는 것도 잊지 말자.

실패는 성장의 디딤돌

실패는 성장의 디딤돌이다. 실패를 두려워하지 않고 오히려 성장의 기회로 삼는 태도를 갖추는 것이야말로 진정한 성공으로 가는 지름길이다. 많은 사람들이 실패를 인생의 종착점으로 여기며 좌절하지만, 실패는 단지 우리를 더 높은 곳으로 도약시키는 발판에 불과하다.

세계적인 성공학 강사 토니 로빈스는 실패의 가치에 대해 이렇게 말했다. "인생에서 가장 큰 실수는 실패를 하는 것이 아니라, 실패로부터 배우지 않는 것이다." 그는 자신의 삶에서도 수많은 실패를 경험했지만, 그때마다 실패를 통해 소중한 교훈을 얻었다고 고백한다. 실패는 우리에게 겸손함을 가르치고, 새로운 관점과 통찰을 선사한다.

　실패를 두려워하지 않고 도전하는 태도야말로 창의성과 혁신의 원동력이다. 애플의 창업자 스티브 잡스는 "창의성은 단순히 점들을 연결하는 것"이라며, "당신이 점들을 많이 가질수록 연결할 수 있는 방법도 더 많아진다"라고 강조했다. 실패는 바로 이러한 점들을 수집하는 과정이다. 실패를 거듭할수록 우리는 더 많은 연결점을 확보하게 되고, 창의적인 해결책을 찾아낼 가능성이 높아진다.
　실패를 성장의 밑거름으로 활용하기 위해서는 실패를 객관적으로 분석하는 자세가 필요하다. 실패의 원인을 냉철하게 파악하고, 실패로부터 얻을 수 있는 교훈을 찾아내야 한다. 이를 위해 '실패일지'를 작성하는 것도 좋은 방법이다. 실패한 상황을 구체적으로 기록하고, 실패의 원인과 개선 방안을 모색해보자. 이 과정에서 우리는 실패를 객관화하고, 실패에 내재된 성장의 기회를 포착할 수 있다.

　NLP에서는 실패를 '피드백'으로 인식할 것을 강조한다. NLP의 창시자인 리처드 밴들러는 "세상은 끊임없이 우리에게 피드백을 제공한다. 그 피드백을 어떻게 받아들이고 활용하느냐가 성패를 가른다"라고 역설했다. 실패는 무가치한 좌절이 아니라, 우리의 성장을 위한 소중한 피드백인 셈이다. 이러한 NLP의 관점을 수용한다면, 우리는 실패를 두려워하기보다 오히려 감사하는 마음으로 받아들일 수 있다.

물론 실패의 고통은 결코 가볍지 않다. 실패는 우리의 자존감을 떨어뜨리고, 좌절감에 빠뜨리기도 한다. 하지만 그럴 때일수록 실패를 성장의 발판으로 승화시키려는 의지가 필요하다. "나는 할 수 있다", "이 실패는 나를 더 강하게 만들 것이다"라는 긍정적인 암시를 스스로에게 걸어보자. NLP에서는 이를 '긍정적 프레이밍'이라고 부른다. 부정적인 사건도 긍정적인 관점에서 바라볼 때, 우리는 역경을 기회로 전환시킬 수 있다.

　실패를 겪은 후에는 자신을 위로하고 격려하는 것도 잊지 말아야 한다. 작은 실수 하나에 자책하기보다는, 실패 속에서도 발견할 수 있는 긍정적인 요소들에 주목해보자. 비록 원하는 결과를 얻지는 못했지만, 새로운 것을 시도해 봤다는 점, 용기 있게 도전했다는

실패 후 성장

점 자체가 가치 있는 일이다. 이런 긍정적인 면모들을 인정하고 축하함으로써, 우리는 실패의 상처를 치유하고 다시 일어설 힘을 얻을 수 있다.

이처럼 실패는 우리가 성장하기 위해 반드시 겪어야 하는 과정이다. 실패를 회피하기보다는 끌어안고, 실패의 교훈을 자양분 삼아 성장해 나가는 지혜가 필요하다. "실패는 성공의 어머니"라는 말이 있듯, 실패의 경험은 궁극적으로 우리를 성공으로 이끄는 디딤돌이 된다. 실패를 두려워하지 않고 도전하는 태도, 실패를 객관적으로 분석하고 교훈을 얻는 자세, 실패 속에서도 긍정적인 면을 발견하는 혜안. 이러한 역량을 갖출 때, 우리는 실패를 진정한 성장의 기회로 승화시킬 수 있을 것이다.

흔들림 없는 성공의 길을 걷는 사람은 없다. 중요한 것은 실패에 좌절하지 않고, 실패를 성장의 밑거름으로 활용하는 지혜다. 우리 모두 실패를 두려워하기보다 끌어안고, 실패의 경험을 자양분 삼아 끊임없이 성장해 나가는 사람들이 되기를 소망한다. 실패는 우리를 더 높은 곳으로 도약시키는 디딤돌임을 잊지 말자. 실패 앞에서 물러서지 않고 오히려 도전하는 용기, 그것이 바로 진정한 성공의 시작이다.

NLP를 통한 자기 코칭

"내 안에 잠들어 있는 잠재력을 어떻게 하면 깨울 수 있을까?" 우리는 종종 최선을 다하고 있다고 생각하지만, 어딘가 만족스럽지 않고 뭔가 더 해낼 수 있을 것 같은 기분을 느낀다. 하지만 놀라운 성장의 비결은 바로 당신의 마음속에 있다는 사실을 알아야 한다.

나는 대학시절에 만났던 한 교수님처럼 되고싶다는 꿈을 키웠고, 그 꿈을 간직한채 살아왔다. 원하는 것 하나만을 생각하며, 노력했고, 그 꿈이 결국 이루어졌다. 내 경험을 통해 생각의 힘이 삶을 근본적으로 변화시킬 수 있다는 것을 몸소 확인했다. 신경언어프로그래밍NLP과 같은 기술을 통해 정신적 역량을 활용하는 법을 배우면, 자신의 효과성을 배가하고 꿈꾸던 삶을 빠르게 실현할 수 있다.

NLP의 핵심은 우리의 신경, 언어 패턴, 행동 사이의 근본적인 상호 연결성을 이해하는 것이다. 말하자면 NLP는 당신의 뇌를 성공을 위해 재프로그래밍할 수 있는 도구와 전략의 집합이라고 할 수 있다. 컴퓨터의 운영체제처럼, 우리의 마음도 자동화된 프로그램, 즉 습관적인 사고방식, 느낌, 행동 방식에 따라 작동한다. 어떤 습관은 당신에게 도움이 되지만, 어떤 습관은 당신을 붙잡아 두고 자기 패배의 굴레에 빠뜨리기도 한다.

NLP의 매력은 바로 그러한 정신적 프로그램을 파악하고 업그레이드할 수 있게 해준다는 점이다. 신념과 내적 표상의 차원에서 의식적인 변화를 일으키면, 감정 상태, 행동, 그리고 궁극적으로는 실제 결과를 변화시키는 강력한 연쇄 반응이 일어난다. 마치 마음에 터보 엔진을 장착하는 것과 같다.

그렇다면 NLP 자기 코칭 과정은 실제로 어떻게 이루어질까? 다음의 5가지 핵심요소로 실현될 수 있다.

1. 목표에 대한 명확성 확보
첫 번째 단계는 당신이 만들고자 하는 것에 대한 강렬한 목표를 정의하는 것이다. 목표를 달성했을 때 어떤 기분이 들고, 어떤 모습이 보이고, 어떤 것이 들리고, 어떤 것이 느껴지는지 상상하여 목표를 구체화시켜라. 어떻게 목표에 도달했다는 것을 알 수 있을까? 뇌에 명확한 목표를 제시하기 위해 생생한 감각적 용어로 오감을 자극하여 목표를 인코딩하라.

2. 제한적 신념 파악 및 재구성

우리는 모두 무엇이 가능한지에 대한 우리의 인식을 형성하는 무의식적 신념을 가지고 있다. "나는 충분히 좋지 않아", "나는 성공할 자격이 없어", "너무 어려워"와 같은 생각은 보이지 않는 장벽처럼 작용하여, 우리가 무의식적으로 노력을 방해하게 만든다. NLP는 그러한 숨겨진 신념을 파헤치고, 리임프린팅, 리프레이밍, 힘을 실어주는 대안 만들기와 같은 기술을 통해 해체하는 법을 가르쳐 준다.

3. 감정 상태 마스터하기

자신감, 열정, 집중력과 같은 최고의 상태를 요구에 따라 경험하도록 스스로를 훈련시킬 수 있다. 앵커링이나 하위 양식 전환과 같은 NLP 도구를 통해, 내적 표상을 제어하고 가장 유용한 상태를 마음대로 불러일으키는 법을 배울 수 있다. 필요할 때마다 흔들리지 않는 자신감과 동기부여를 이용할 수 있다고 상상해 보라.

4. 최고 성과자의 전략 모델링하기

NLP의 핵심 원칙 중 하나는 어떤 사람에게 있는 모든 기술이나 자질은 그들의 정신적 전략을 연구하고 채택함으로써 다른 사람에게 복제될 수 있다는 것이다. 당신의 분야에서 탁월한 결과를 내는 사람을 찾아 그들의 사고 과정, 언어 패턴, 생리학을 모델링하라. 그들의 성공 청사진을 자신의 신경 체계에 설치함으로써, 유사한 결과를 만들어낼 수 있는 능력을 얻게 된다.

5. 지능적이고 대규모의 행동 취하기

물론 잠재력을 실현하는 것은 단지 잘 단련된 마음을 갖는 것만으로는 부족하다. 어느 순간에는 새로 얻은 능력을 가지고 현실 세계에서 시험해 봐야 한다. 선명해진 명료성과 향상된 상태를 연료 삼아 목표를 향해 대담하고 일관된 행동을 취하고, 피드백에서 배우고, 접근법을 재조정하는 주기를 통해 진정한 자기 효능감을 구축한다는 점을 기억하라.

이제 "이론적으로는 멋지게 들리지만, 실제로는 어떻게 적용할 수 있을까?"라고 생각할 수 있다. 가장 중요한 것은 그냥 시작하는 것이다. 자신의 생각을 관찰하기 시작하고, 그것이 당신의 상태에 어떤 영향을 미치는지 주목하라. 무력해지는 내적 대화에 빠졌다는 것을 알아챘을 때, 그 패턴을 끊고 더 건설적인 것에 의식적으로 초점을 맞추라. "이 상황의 긍정적의도는 무엇일까?" 혹은 "여기서 무엇을 배울 수 있을까?"와 같은 질문을 스스로에게 함으로써 인식을 전환하라.

이상적인 결과를 정기적으로 시각화하고, 그것을 이미 달성한 것처럼 긍정적인 감정과 연결하라. 최고의 상태에 있을 때마다 특정 손가락 마디를 만지는 식으로 앵커를 만들고, 나중에 자신감이나 동기부여가 필요할 때 그 앵커를 발동시키라. 존경하는 사람을 모델링하기 위해 그들의 언어, 자세, 표정을 연구하고 직접 채택해보라. 꾸준히 연습하면, 당신의 뇌는 이러한 새로운 프로그램을 자동으로 실행하기 시작할 것이다.

타임라인 치료, 신념 변화 과정, 하위 양식 매핑과 같은 기술을 안내해줄 수 있는 NLP 전문가로부터 교육을 받는 것도 매우 도움이 된다. 당신 편에 전문 코치가 있으면 진전 속도가 빨라지고 완고한 제한 패턴을 깨는 데 도움이 될 수 있다.

하지만 궁극적으로는 당신 자신이 자신의 성장을 이끄는 사람이다. NLP는 마법의 약이 아니라, 지금보다 더 나은 삶을 만들기 위해 배우고 활용하는 정교한 도구 세트라고 할 수 있다. NLP는 당신의 힘을 되찾고, 당신이 믿었던 것보다 훨씬 더 광대한 잠재력을 인식하는 것에 관한 것이다.

NLP를 사용한 자기 코칭 실천을 약속함으로써, 당신은 자신의 위대함을 위해 한 발 내딛는 것이다. 모래 위에 선을 그으며 "이제 됐어. 내 최고의 모습으로 거듭날 때야."라고 선언하는 셈이다. 그리고 그렇게 할 때, 당신의 외부 현실이 얼마나 빠르게 변화하기 시작하는지 놀라게 될 것이다.

그러니 제한에서 벗어나 효과성을 높이고 진정한 잠재력을 발휘할 준비가 되었다면, NLP의 세계로 뛰어드는 것을 주저하지 마라. 기술을 받아들이고, 전략을 실행에 옮기며, 당신의 마음과 습관, 결과가 생각조차 하지 못했던 높이로 폭발하는 것을 경이롭게 바라보라. 진실은 이것이다. 당신이 꿈꾸는 삶은 멀리 있는 환상이 아니다. 당신이 생각하는 것보다 훨씬 가까이, 바로 여기에 있으며, 당신이 그것을 주장하기만을 기다리고 있다. 해야 할 일은 당신이 그럴 만한 가치가 있다고 결정하고, 마음속 스위치를 켜고, 잠재력이 현실로 터져 나오는 것을 경이롭게 바라보는 것뿐이다. 이제 시작하자.

배움은 실천으로 완성된다

배움은 실천으로 완성된다. 이는 우리가 책을 읽고 새로운 지식을 습득하는 것만으로는 부족하다는 사실을 일깨워준다. 진정한 성장과 변화는 우리가 배운 내용을 일상생활에 적용하고 체화할 때 비로소 이루어진다.

NLP의 대가 토니 로빈스는 이에 대해 인상 깊은 경험담을 들려준 바 있다. 그는 NLP 자격증 취득 과정에 등록한 후 불과 며칠 만에 NLP에 매료되었고, 곧바로 배운 기술을 활용하여 사람들을 돕고 싶어 했다고 한다. 토니의 사례는 배움을 즉각적으로 실천에 옮기는 것이 얼마나 중요한지를 잘 보여준다.

NLP 실천을 위한 첫 걸음은 개인별 NLP 실천 계획을 수립하는 것이다. 이는 명확한 목표를 설정하고, 실천 계획을 세우며, 꾸준히 행동하고, 주변의 지원을 받으며, 정기적으로 계획을 검토하고 수정하는 과정을 포함한다. NLP 기술과 자원을 적극 활용하여 삶의 모든 영역에 NLP를 적용하고, 지속적인 성장과 발전을 위해 자기 평가를 수행하는 것도 중요하다.

물론 NLP를 일상에서 꾸준히 실천하는 것은 쉽지 않은 과제다. 우리의 발목을 잡는 다양한 장애물들이 도사리고 있기 때문이다. 하지만 제한적 신념을 버리고, 사고와 행동 패턴을 수정하며, 의사소통 능력을 향상시키고, 감정을 효과적으로 관리하는 등의 전략을 통해 이러한 장애물들을 극복해 나갈 수 있다.

NLP 실천 여정에서 진척도를 추적하고 성과를 칭찬하는 일도 매우 중요하다. 분명한 목표를 설정하고 구체적인 성과 기준을 수립함으로써 자신의 성장과 발전을 객관적으로 측정할 수 있으며, 이는 자신감과 의지를 북돋우는 원천이 된다. NLP 코칭 모델은 목표 설정, 현재 상황 파악, 대안 모색, 목표 달성을 위한 행동 연습 등 성공적인 NLP 실천을 위한 체계적인 프레임워크를 제공한다.

NLP 실천 공동체에 참여하는 것도 매우 유익한 방법이 될 수 있다. 비슷한 관심사를 가진 사람들과 경험을 공유하고, 질문하며, 서로 배우는 과정은 지속적인 학습과 성장, 전문성 개발을 촉진한다. 또한 NLP의 최신 동향과 응용 사례를 파악하는 데에도 큰 도움이 된다. NLP 실천 공동체는 리더십과 전문성의 문화를 함양하는 동시에, 보다 효과적이고 문화적으로 민감한 NLP 모델을 개발하는 데 기여한다.

궁극적으로 NLP를 자신의 삶의 방식으로 내재화하는 것이 중요하다. 이는 NLP 기술을 일상적으로 꾸준히 연습하고, 긍정적인 언어를 사용하며, 부정적 경험을 재구성하는 등의 노력을 통해 이루어질 수 있다. 성장 마인드셋을 함양하고, 도전을 학습과 발전의 기회로 받아들이며, 자신과 같은 가치관과 목표를 공유하는 사람들로 주변을 채우는 것도 도움이 된다. 이 모든 노력을 통해 우리는 삶의 다양한 영역에서 지속적인 변화와 성장을 이루어 나갈 수 있다.

배움을 실천으로 연결하고 삶에 내재화하는 것. 그것이 우리가 책을 읽고 새로운 지식을 습득하는 궁극적인 목적이 되어야 한다. NLP라는 강력한 도구를 일상에서 체화하려는 우리의 노력 하나하나가 모여 우리는 한층 성장하고 발전할 수 있다. 이것이 바로 진정한 배움의 힘이며, 우리가 책을 읽는 이유다. 오늘부터 NLP를 생활 속에서 실천하는 변화의 발걸음을 내디뎌 보자. 그 발걸음이 우리를 새로운 성장과 성취의 세계로 인도할 것이다.

마치며

이 책의 결론은 단순히 책을 요약하거나 그동안 탐구해온 내용을 반복하는 것이 아닙니다. 이 책은 독자 여러분께 생각의 힘을 깨우치는 계기를 마련해주고, NLP와 뇌과학을 통해 잠재력을 200% 끌어올릴 수 있는 열쇠를 쥐어주는 것을 목표로 합니다.

우리는 이 책에서 생각의 힘이 현실을 창조하는 강력한 원동력이라는 사실을 확인했습니다. 긍정적인 사고와 부정적인 사고가 우리의 삶에 극명한 차이를 가져온다는 것도 알게 되었죠. 무엇보다 중요한 것은 우리 모두가 생각의 힘을 믿어야 한다는 사실입니다. 당신의 생각이 곧 당신의 현실이 됩니다.

NLP는 생각의 힘을 극대화할 수 있는 효과적인 도구입니다. NLP의 기본 개념과 원리를 이해하고, 신경, 언어, 프로그래밍의 삼위일체를 활용한다면 누구나 자신의 잠재력을 깨울 수 있습니다. NLP로 성공한 사람들의 사례는 우리에게 큰 영감을 줍니다.

뇌과학은 생각과 뇌의 관계를 과학적으로 설명해줍니다. 우리의 생각이 뇌에 미치는 영향력은 실로 놀랍습니다. 신경가소성의 원리를 이해하고 활용한다면, 생각으로 뇌를 변화시킬 수 있습니다. NLP와 뇌과학의 환상의 콜라보레이션은 우리에게 무한한 가능성을 열어줍니다.

이제 당신은 생각으로 성공 로드맵을 그릴 수 있습니다. NLP 기술을 활용하여 강력한 목표를 설정하고, SMART 원칙을 적용하여 실행 계획을 수립하세요. 내면의 GPS를 믿고 따르면 어떤 목표도 달성할 수 있습니다.

생각의 에너지로 동기부여에 불을 붙이세요. NLP로 동기부여 수준을 획기적으로 높일 수 있습니다. 성공으로 이끄는 생각 습관을 만드는 것도 잊지 마세요. 부정적 생각은 긍정의 에너지로 전환하고, 긍정적 자아상을 구축하세요. 생각 관리를 일상화하는 것이 성공의 핵심입니다.

자기 이해와 내면 성찰을 통해 당신 안의 보석을 찾아내세요. 당신만의 강점을 살리고 약점은 보완하세요. NLP로 내면의 창을 열고, 자기 성찰의 힘을 믿으세요. 숨겨진 잠재력을 깨우는 것은 바로 당신입니다.

성장에는 끝이 없다는 사실을 잊지 마세요. 평생 학습자의 자세로 변화와 도전을 즐기세요. 실패를 두려워 마세요. 실패는 성장의 디딤돌입니다. NLP 기술로 스스로를 코칭하고, 책에서 배운 내용을 일상에서 실천하세요. 배움은 실천으로 완성됩니다.

당신은 이미 충분히 위대합니다. 자신의 생각을 바꾸는 순간, 세상을 바꿀 수 있는 힘을 갖게 될 것입니다. 주저하지 마세요. 망설이지 마세요. 지금 바로 생각의 힘을 깨우고, NLP로 잠재력을 200% 끌어올리세요.

당신의 눈부신 성공과 멋진 인생을 응원합니다.

생각의 힘을 믿는 여러분 모두가 인생의 주인공이 되시기를 기원합니다. 감사합니다.

브레인 해커
10배 빠른 성장을 위한 뇌 사용설명서

발 행 2024년 6월 28일 초판 1쇄 발행
저 자 이혜진
발행처 클레버니스
발행인 조성준
주 소 서울특별시 은평구 갈현로 11길 46
전 화 010-2993-3375
팩 스 02-2275-3371
등록번호 제 2024-000045호
등록일자 2024년 5월 9일
ISBN 979-11-94129-00-4 (03190)
정 가 20,000원

※ 이 책은 저작권법에 의해 보호를 받는 저작물로 무단 전재나 복제를 금지하며,
※ 이 책 내용의 전부 또는 일부를 이용하려면 반드시 저작권자나 발행인의 서면동의를 받아야 합니다.
※ 파본 및 낙장은 구입하신 서점에서 교환하여 드립니다.